CEIBS | 中欧陆家嘴国际金融研究院
CEIBS Lujiazui Institute of International Finance

本报告由平安普惠资助

China Financial Consumer Protection Report

中国金融消费者保护报告

2019

主编 盛松成　　副主编 刘功润

中国金融出版社

责任编辑：王效端　张菊香
责任校对：李俊英
责任印制：丁淮宾

图书在版编目（CIP）数据

中国金融消费者保护报告. 2019/盛松成主编. —北京：中国金融出版社，2019.9
ISBN 978 – 7 – 5220 – 0260 – 6

Ⅰ. ①中…　Ⅱ. ①盛…　Ⅲ. ①金融市场—消费者权益保护—研究报告—中国—
2019　Ⅳ. ①D922. 280. 4②D922. 294

中国版本图书馆 CIP 数据核字（2019）第 192141 号

中国金融消费者保护报告 2019
Zhongguo Jinrong Xiaofeizhe Baohu Baogao 2019

出版
发行　**中国金融出版社**
社址　北京市丰台区益泽路 2 号
市场开发部　（010）63266347，63805472，63439533（传真）
网 上 书 店　http：//www. chinafph. com　（010）63286832，63365686（传真）
读者服务部　（010）66070833，62568380
邮编　100071
经销　新华书店
印刷　保利达印务有限公司
尺寸　185 毫米×260 毫米
印张　10. 75
字数　200 千
版次　2019 年 9 月第 1 版
印次　2019 年 9 月第 1 次印刷
定价　41. 00 元
ISBN 978 – 7 – 5220 – 0260 – 6
如出现印装错误本社负责调换　联系电话（010）63263947
编辑部邮箱：jiaocaiyibu@126. com

原创声明

本报告系中欧陆家嘴国际金融研究院的独立原创研究成果，捐赠方不干涉报告的原创性，感谢平安普惠的捐赠支持。

序

对我国现阶段而言，金融消费者保护刚刚起步，任重而道远。金融消费者保护不能仅仅依靠监管部门的积极作为，还需要社会各界的广泛参与。作为一家服务于中国金融现代化与上海国际金融中心建设的智库机构，中欧陆家嘴国际金融研究院聚焦于法律与金融的交叉领域，并设立了金融法制研究室。在推动金融法制建设过程中，我们发现金融消费者保护是一个值得深入、持续研究的领域。为此，研究院自2013年伊始，持续对中国的金融消费者保护问题予以关注和研讨。历年来，我们编写年度金融消费者保护研究报告，举办金融消费者保护的十佳案例评选，并且每年组织召开金融消费者保护论坛，广邀学界与业界的各位学者专家来畅所欲言、建言献策。同时，通过不懈的努力，当前我们的金融消费者权益保护十佳案例评选活动已经形成了一定的规模，参选单位来自全国30多个不同的地区，涵盖了商业银行、司法机关、监管部门以及互联网金融机构等多个层面，形成了一定的社会影响力和宣传效果。

2019年，得益于平安普惠的捐赠，中欧陆家嘴国际金融研究院继续深入开展金融消费者保护研究与探索，最终使这份《中国金融消费者保护报告2019》得以呈现。本报告是中欧陆家嘴国际金融研究院独立原创的研究成果，感谢平安普惠给予的宝贵支持。

本报告分为三个部分。第一部分是三个主题报告，分别为："保护投资者权益，完善债券违约的防范和处置机制——以银行间债券市场为例""金融消费者隐私保护法律问题研究——国际经验与中国道路"以及"信贷领域的金融消费者保护研究：机制反思与发展路径"，第二部分是关于2017

年、2018 年金融消费者权益保护的各类法律法规、监管政策等的汇总和评论，第三部分则是精选的金融消费者保护十佳典型案例。

在第一部分的主题报告中，我们提供了三份研究报告。主题报告一聚焦于债券市场的投资者权益保护问题，指出由于银行间债券市场成立之初便定位为机构间市场，强调投资者的自我保护，对发行人违约的防范和处置机制尚不够完备，因而尚未形成与市场发展阶段相适应的投资者保护规范体系。为深化供给侧改革，有必要从多个方面完善债券违约风险的防范和处置体系。主题报告二关注金融消费者的隐私权保护问题，近年来金融消费者隐私权受侵害事件频发，相关个人信息、账户隐私、财产隐私、交易隐私等倒卖活动猖獗，为电信诈骗等犯罪行为的滋生和蔓延提供了温床。为了解决上述问题，国家先后出台了多部相关法律和司法解释，但是金融消费者隐私保护的现状仍不乐观。本报告的研究目的即为结合欧美在金融隐私和个人金融信息领域的立法实践，探讨中国金融消费者隐私保护的法律路径。而主题报告三则重点研究信贷领域的金融消费者保护。我国信贷领域呈现出借人和借款人多元化、市场规模稳步较快增长、金融科技应用创新与场景化生态体系构建驱动等鲜明特点，已成长为全球规模最大的市场。但由于多数金融消费者缺乏专业金融知识，使之对金融风险的理性认识不够充分，缺少抗风险能力，使得信贷领域的金融消费者权益保护问题凸显。课题研究指出中国信贷领域的金融消费者保护应遵循循序渐进、逐步完善的路径，制度设计要从实际现状出发，充分考虑中国金融消费者非理性行为的特点，对国外经验进行有针对性的取舍，逐渐确立起从监管机构、行业协会、消费者组织到司法机关，综合性、全方位、具有可操作性与执行力的金融消费者保护法律机制。

本报告的第二部分梳理、汇总了 2017 年、2018 年各类涉及金融消费者权益保护的法律法规和监管政策，有利于读者了解其法律渊源和历史演变。我们对这些规则进行了简单的评述，也便于读者了解各类规则出台前后的背景及其实施效果。

本报告的第三部分则是金融消费者权益保护典型案例。这是研究院与上海市金融消费纠纷调解中心合作开展"2018 年金融消费者保护十佳案例评选"活动的结果。通过对现实生活中真实发生的案例的剖析,可以帮助读者更为直观地了解如何维护自身的权利以及可以借鉴的维权经验,同时也可以更好地理解相关制度应该如何完善。

参与编写《中国金融消费者保护报告2019》的包括刘功润、王鑫、孙丹、史广龙及朱小川等人。由于我们水平有限,其中可能有不少错误和疏漏之处,恳请读者谅解并向我们提出宝贵意见。我们衷心希望在广大读者的关心和支持下,将中国的金融消费者保护事业做得更好。这是我们共同的事业。

是为序。

上海市人民政府参事、中欧陆家嘴国际金融研究院常务副院长
盛松成
2019 年 7 月

目　　录

第一部分

主题报告

主题报告一

保护投资者权益，
完善债券违约的防范和处置机制

——以银行间债券市场为例

执笔人：朱小川

【内容摘要】受多种因素影响，近年来我国银行间债券市场频现发行人违约的情况，虽未形成局部性风险，但风险隐患不容忽视，其中涉及投资者权益保护等重要问题。由于银行间债券市场成立之初便定位为机构间市场，强调投资者的自我保护，对发行人违约的防范和处置机制尚不够完备，因而尚未形成与市场发展阶段相适应的投资者保护规范体系。为深化供给侧改革，有必要从多个方面完善债券违约风险的防范和处置体系：一是在源头上建立健全发行人债务风险防控机制，控制整体债务杠杆率；二是持续完善中介制度，构建勤勉尽责的法律义务框架；三是强化自律规则的约束力；四是借鉴国内外相关立法经验，健全并完善投资者保护的基础法律制度；五是不断丰富违约风险的管理工具和手段；六是加强投资者保护的其他制度供给。

【关键词】债券投资者保护；银行间债券市场；债券违约风险防范和处置机制

党的十九大报告指出，"中国特色社会主义进入新时代""我国经济已由高速增长阶段转向高质量发展阶段"。在新时代背景下，为了适应高质量发展，为了更好地服务实体经济的需求，金融体系要从关注"规模"转向关注"质量"，金融治理要与国家治理体系的其他治理更加密切地融合，更好地发挥金融治理在国家治理体系和治理能力现代化中的作用，这包括平衡金融业务发展、金融市场开放、金融风险防范与投资者权益保护等多个目标。合理借鉴国内外各方经验，不断完善债券违约风险的防范和处置机制，才能更好地保护债券投资者权益，实现新时代金融体系在"质"与"量"上的全面发展。

一、我国债券市场发展和债券违约概况

经过二十多年的快速发展，债券市场已成功改变了我国经济的融资结构。2017

年，债券市场共发行各类债券 40.8 万亿元，较上年增长 12.9%。其中，银行间债券市场发行债券 36.8 万亿元，同比增长 14.2%。截至 2017 年末，债券市场托管余额为 74.0 万亿元，其中银行间债券市场托管余额为 65.4 万亿元，占全国债券市场总量的 88%。银行间市场各类参与主体共计 18 681 家，较上年末增加 3 437 家。其中，境内法人类机构 2 665 家，较上年末增加 235 家；境内非法人类机构 15 458 家，较上年末增加 2 999 家；境外机构投资者 617 家，较上年末增加 210 家。① 截至 2018 年 8 月末，共有 1 147 家境外机构进入了银行间债券市场，持债规模达到 1.75 万亿元，占国内债券市场比重超过 2%。我国债券市场体量已超过 81 万亿元，全球排名第三。② 2018 年 3 月 23 日，彭博宣布将人民币计价的中国国债和政策性银行债券纳入彭博巴克莱全球综合指数，预计将带动全球配置中国债券的需求。根据彭博的公告，中国债券完全纳入指数后，彭博巴克莱全球综合指数将包括 386 只中国债券，中国债券在该指数 53.73 万亿美元的市值中占比 5.49%，成为该指数第四大货币（以 2018 年 1 月 31 日的数据计算）；纳入的券种范围包括一年期以上的人民币计价投资级别利率债及信用债。

2018 年 4 月 10 日，国家主席习近平在博鳌亚洲论坛 2018 年年会开幕式上指出，中国开放的大门不会关闭，只会越开越大。我国银行间市场对境外开放的步伐首先源于 2009 年。彼时规定境外清算行（主要是中银香港、工行新加坡分行）可以在其存款金额 8% 的额度内投资银行间市场。2010 年，人民银行发布《关于境外人民币清算行等三类机构运用人民币投资银行间债券市场试点有关事宜的通知》，允许三类境外机构运用人民币头寸进入中国银行间债券市场。此后，人民银行先后允许主权财富基金、国际金融组织、合格境外机构投资者（QFII）和人民币境外合格机构投资者（RQFII）等机构投资银行间债券市场。2016 年 2 月 17 日，人民银行发布《关于进一步做好境外机构投资者投资银行间债券市场有关事宜的公告》（以下简称《境外机构投资公告》），规定在中华人民共和国境外依法注册成立的商业银行、保险公司、证券公司、基金管理公司及其他资产管理机构等各类金融机构，上述金融机构依法合规面向客户发行的投资产品，以及养老基金、慈善基金、捐赠基金等人民银行认可的其他中长期机构投资者，均可根据《境外机构投资公告》的相关规定投资银行间债券市场。至此绝大部分境外金融机构都能够进入中国银行间债券市场，没有投资额度限制。2017 年 7 月 3 日，"债券通"开始实行，境

① 2017 年债券市场的数据来源：中国人民银行. 2017 年金融市场运行情况［R/OL］. 中国人民银行网站，［2018－03－02］. http：//www.pbc.gov.cn/jinrongshichangsi/147160/147171/147173/3470463/index.html.

② 王辉. 金鹏辉：中国绿色债券规模已达 4 953 亿元位居全球第一［EB/OL］. 中证网，［2018－09－13］. http：//www.cs.com.cn/sylm/jsbd/201809/t20180912_5872153.html.

外投资者还可以通过内地与香港债券市场基础设施的互联互通，投资于内地银行间债券市场。从投资品种来看，目前境外机构主要以投资国债、政策性金融债和同业存单为主，占比约分别为54%、26%和13%；境外投资者对利率债的偏好较为明显，信用债持有量较少。这既与境外投资者在跨境投资方面风险控制较为严格有关，也可能与我国对债券投资者的各类权益保障不到位有关。

此外，2018年9月8日，人民银行和财政部又联合发布《全国银行间债券市场境外机构债券发行管理暂行办法》（以下简称《境外机构债券发行办法》），以进一步推动境外机构在我国境内发行债券。自2005年国际开发机构首次在银行间债券市场发行人民币债券以来，境外机构的境内债券融资渠道不断拓宽，主体类型日益丰富。截至2018年8月末，境外机构已累计在银行间债券市场发行债券1781.6亿元，发行主体也从最早的国际开发机构拓展到外国政府、境外金融机构和非金融企业。《境外机构债券发行办法》完善了境外机构在银行间债券市场发行债券的制度安排，促进了相关制度规则与国际接轨，有利于进一步提高我国债券市场的国际化水平。

然而，近年来受多种因素影响，我国债券市场的违约事件与之前相比呈相对频发态势。2018年债券市场违约规模和违约率比较平稳，上半年数据基本与2017年持平。截至2018年6月初，公司信用类债券违约后尚未兑付的金额为663亿元，占债券余额的比重为0.39%。该指标低于中国商业银行的不良贷款率1.74%及国际债券市场的违约率1.2%~2.08%的区间。如对比债券市场最为发达的美国，目前我国债券市场的整体违约率也显著低于美国公司类债券总违约率。1985—2009年美国债券市场中投资级债券10年平均累积违约率为2.1%，最低年违约率为0.21%；高收益债券10年平均累积违约率为26.6%，最低年违约率为3.05%。[1] 但标普全球评级在《债券结构特征加剧中国企业违约风险》报告中仍指出，受债券集中到期等结构性因素等影响，未来24个月我国债券市场的再融资风险和违约风险仍有可能进一步加剧。[2] 彭博数据也显示，2018年我国信用债违约规模突破500亿元，创历史新高。并且，随着市场化程度的提高和开放步伐的加快，以及债券"刚性兑付"预期的打破，各类中小投资者都可以借道基金、理财产品等非法人类机构进入银行间债券市场[3]，各方将更为关注债券违约风险的预防和处置措施，以及与此密切相关的国内外投资者权益保护问题。

---

① 美国市场的数据参见张暾. 从高质量发展和经济转型看现阶段信用风险 [J]. 银行家，2018（9）.

② 蒋梦莹. 标普：下半年中国面临"实际到期"债券猛增的局面 [EB/OL]. [2018-08-30]. http://www.sohu.com/a/243375902_260616.

③ 仅从数量上看，截至2017年底，非法人机构的数量是法人机构的5.8倍。

二、债券投资者保护尚未形成与市场发展阶段相适应的规范体系

目前我国债券市场的基本格局、运行机制、深度广度已基本具有国际成熟市场的特征，但仍有很大的发展提升空间，如继续完善市场整体环境、提高外国投资者的参与比例[①]、完善投资者保护制度等。债券市场的国际化程度与投资者保护制度的完备程度密切相关，此方面我国的法律和制度供给仍相对薄弱，这在银行间债券市场尤为明显。简单回顾历史就可以发现，投资者权益保护从未成为银行间债券市场各方关注的焦点。首先，成立银行间债券市场的目的是维护宏观金融稳定和解决交易所市场发展产生的问题，阻断银行资金流向股票市场，与投资者保护无关；其次，银行间债券市场定位为机构投资者市场，机构投资者具有更专业的判断能力和较强的风险承受能力，能实施自我保护[②]；最后，银行间债券市场在成立后很长一段时期内无实质违约事件发生[③]，投资者的权益未受到实质性影响。

目前银行间债券市场对债券发行人的违约防范措施主要依靠债券募集文件中对相关情形的具体约定。发生违约情形后，如因事先约定空缺、约定不完备或难以执行，则投资者可以采取的处置措施主要为：私下债务重组；根据《企业破产法》与发行人进行破产和解、破产重整或进行破产清算；提起诉讼。不过在上述防范和处置措施的操作过程中，债券投资者仍会发现自身权益缺乏足够的制度和机制保障，如国际资本市场协会（ICMA）最新的调研显示，境外投资者认为中国债券市场仍存在发行人信息不透明、信用评级不可靠、《企业破产法》等法律规定不明确等问题。[④] 我国债券市场的投资者保护还未形成与市场发展阶段及全球地位相适应的规范体系，相关情况分析如下。

（一）现行债券违约防范和处置机制不够完备

1. 债券发行文件对投资者保护的偿债保障约定不够完备

境外债券市场相关发行文件对发行人行为的偿债保障条款包括两部分：一是对发行人的新增负债行为、出售重大资产、合并等行为进行限制；二是赋予债券持有人一定的自我保护权利，即当发生前述情形时，债券持有人可以选择退出，如向发

---

① 美国债券市场中境外投资者占比超过50%，马来西亚、韩国等亚洲新兴市场中境外债券投资者占比也超过两位数，而我国仅有2%左右。

② 参见谢多. 银行间市场综合知识读本 ［M］. 北京：中国金融出版社，2014：5-9.

③ 非实质性违约的事件包括08鞍钢MNT1、11海龙CP01、11赛维CP01等债券未能按时兑付本息，但在多方努力下，这些债券的本息最终都得到了兑付，所以被认为没有发生实质性违约。

④ ICMA. The Asia-Pacific Cross-Border Corporate Bond Secondary Market：A report on the state and evolution of the market ［EB/OL］. ICMA官网，［2018-10-01］. https：//www.icmagroup.org/News/news-in-brief/icma-publishes-report-on-the-asia-pacific-cross-border-corporate-bond-secondary-market/.

行人回售债券。偿债保障条款旨在通过限制发行人后续的过度冒险行为、控制流向股东的现金流以及确保债券持有人的相对优先地位等来平衡债券持有人和发行人及其股东之间的利益。如果在债券存续期间，发行人的债务风险水平出现明显影响债权实现的因素，作为对新出现风险的补偿机制，偿债保障条款通常会给予投资者重新决策的机会，以使得风险和收益维持动态的平衡。在成熟市场上，通过债务人和债权人的博弈，偿债保障机制越来越完备。与追加担保、司法救济等途径相比，偿债保障条款对于投资者的保护属于事前防范机制，赋予投资者在发行人信用状况可能发生重大负面变化时的退出选择权，保护更为及时和有效。正因为保障条款的存在，当发行人确定将要发生并购、重组等重大事件时，通常发行人不会被动地等到持有人主张回售，而会主动采取措施进行前期沟通和预先安排，为后期资产重组等工作的顺利推进扫平障碍。偿债保障条款已在银行贷款协议、企业并购文件等商事文件中广泛应用，鉴于我国债券投资者对债券的发行条件基本没有参与谈判的机会，市场中介机构维护投资者权益的动力也不足，偿债保障条款在债券发行文件中还未被普遍应用。

2. 中介机构履职的专业标准尚不清晰

银行间债券市场涉及的中介机构众多，包括承销商、信用评级机构、金融市场基础设施机构、会计师事务所、律师事务所等。中介机构尽职履责是银行间债券市场实施发行注册制管理的基础，注册制更多的是依靠市场自律管理，而不是主要依靠监管机构的事前审核来维护市场纪律、保护投资者的权益。发行人、投资者等市场参与者对中介机构的期望更为具体和详细，也更为倚重中介机构的专业性功能。为此，相关自律规则应要求中介机构，尤其是评级机构、主承销商等应持续关注发行人的经营和财务状况，根据自身职责要求及时预警并处置风险事件。中国银行间市场交易商协会（以下简称交易商协会）并没有专门针对不同中介机构制定不同要求的自律文件，而是将对承销商、信用评级机构、会计师事务所、律师事务所、信用增进机构等中介机构的服务要求统一规定于《银行间债券市场非金融企业债务融资工具中介服务规则》（以下简称《中介服务规则》）中，并概括性地要求债务融资工具登记、托管、交易、清算、结算等承担金融市场基础设施功能的机构按规定开展业务。《中介服务规则》虽规定了中介机构应诚实、守信、独立、勤勉、尽责，但对这些规范的认定和实施标准以及相关职责范围规定得不够具体、清晰。这不仅容易导致相关中介机构"钻空子"，而且也使得交易商协会较难对中介机构实施处罚，自律处分的对象八成以上为发行人。[①]

① 数据见杨毅. 银行间债市自律管理全面持续从严［N］. 金融时报，2018-03-22（007）.

（1）在承销商职责方面①

首先，主承销商的工作范围规定相对原则。《中介服务规则》对主承销商的工作范围要求相对原则，如协助企业披露发行文件、跟踪企业的业务经营和财务状况、督促企业按时兑付债务融资工具本息、按照有关规定开展后续管理工作等，难以构成具有实际操作指导意义的工作规范。

其次，对主承销商的尽职调查要求不够细致。尽职调查是债券发行的基础工作，也是保证债券募集信息披露质量的基础。银行间债券市场对承销商进行尽职调查的要求主要受交易商协会 2008 年 4 月发布的《银行间债券市场非金融企业债务融资工具尽职调查指引》（以下简称《银行间债券尽调指引》）规范。《银行间债券尽调指引》指出了尽调的内容和范围，但对于每项尽调内容所应涵盖的核查范围和核查深度，未进行相对更为详细的规定。相比而言，中国证券业协会 2015 年 10 月发布的《公司债券承销业务尽职调查指引》（以下简称《公司债尽调指引》）对每一项尽调内容都进行了详细规定，明确了核查方法和标准，同时还在第三条明确"本指引是对承销机构尽职调查工作的最低要求"，要求承销商以更加谨慎的态度，进行更加深入的尽职调查。除了核查范围和深度不够细致外，《银行间债券尽调指引》也未对尽调文件的确认标准进行规定，如对募集资金运用、增信机制、偿债计划及其他保障措施、利害关系、发行人存在的主要风险等内容未有详细规定。这都导致对承销商尽调义务的约束性不强，不利于厘定主承销商是否尽到尽调责任。

再次，规定主承销商代理持有人对发行人进行追偿的可操作性不强。根据《中介服务规则》《银行间债券市场非金融企业债务融资工具主承销商后续管理工作指引》，当发行人不履行债务时，除非投资者自行追偿或委托他人进行追偿，主承销商应履行代理追偿职责。如此规定实际上隐藏了一个前提条件，即主承销商与债券持有人不存在利益冲突，因而可以代理持有人追究发行人的违约责任。但实际情况是当主承销商未能履行义务时，持有人不仅会向发行人求偿，还有可能同时要求主承销商承担责任，甚至是主张主承销商承担相应责任。所以，从承销商自我保护的角度来看，主承销商并不能真正代表持有人向发行人进行追偿。以在 2015 年底违约的"15 山水 SCP001"超短期融资券为例，发行文件未披露发行人——山东山水水泥集团（以下简称山水水泥）存在股东纠纷的重大信息：间接持有公司股份的员工彼时已经提起了对公司实际控制人的多起诉讼，但募集说明书中对此只字未提。

① 参见徐韬峰，魏国俊，段自勉. 银行间债券市场发行虚假陈述中承销商民事法律责任研究［EB/OL］. http：//www. zhonglun. com/content/2018/08－07/2318134250. html；以及徐韬峰，魏国俊，潘巍. 浅谈银行间债券市场债券违约维权［EB/OL］.［2018－09－04］. http：//www. zhonglun. com/content/2018/07－26/1109504852. html.

虽然募集说明书以发行人名义发布，但其内容均为主承销商主导确定。如果募集说明书披露信息不完整，主承销商往往会被要求承担相应责任，但主承销商显然不愿意主动代表债券持有人对此类涉及自身的失责行为进行追究。

最后，对主承销商失职所应承担的责任较含糊。当投资者发现承销商在债券发行时未尽到信息核查义务，或有协助发行人作出含有虚假记载、误导性陈述和重大遗漏的嫌疑时，拟援用《中介服务规则》或《银行间债券市场非金融企业债务融资工具管理办法》对承销商等中介机构追责时，收效甚微。该办法第十条规定，"为债务融资工具提供服务的承销机构、信用评级机构、注册会计师、律师等专业机构和人员应勤勉尽责，严格遵守执业规范和职业道德，按规定和约定履行义务。上述专业机构和人员所出具的文件含有虚假记载、误导性陈述和重大遗漏的，应当就其负有责任的部分承担相应的法律责任。"如何确定上述规则或办法中的"勤勉尽责""相应的法律责任"以及具体的法律责任是连带赔偿责任、按份赔偿责任还是补充赔偿责任等都未有定论，因而至今也未见任何银行间债券市场的承销商因虚假陈述等原因而承担责任的案例；更何况，现实中承销商基本不出具任何文件，投资者无法提供追究其责任的直接证据。而我国《证券法》第六十九条要求"发行人、上市公司公告的招股说明书、公司债券募集办法、财务会计报告、上市报告文件、年度报告、中期报告、临时报告以及其他信息披露资料，有虚假记载、误导性陈述或者重大遗漏，致使投资者在证券交易中遭受损失的，发行人、上市公司应当承担赔偿责任；发行人、上市公司的董事、监事、高级管理人员和其他直接责任人员以及保荐人、承销的证券公司，应当与发行人、上市公司承担连带赔偿责任，但是能够证明自己没有过错的除外；发行人、上市公司的控股股东、实际控制人有过错的，应当与发行人、上市公司承担连带赔偿责任"。此外，《上海证券交易所非公开发行公司债券业务管理暂行办法》第5.2款规定，"专业机构制作、出具的文件有虚假记载、误导性陈述或者重大遗漏，致使投资者造成损失的，应当与发行人承担连带赔偿责任，但是能够证明自己没有过错的除外"。为保证主承销商担责有据可查，《公开发行证券的公司信息披露内容与格式准则第23号——公开发行公司债券募集说明书（2015年修订）》还规定主承销商所出具的核查意见作为公司债发行的备查文件之一。显然《证券法》以及交易所债券市场的相关规定对承销商的职责要求更高。由于缺乏明确规定，银行间债券市场的债券募集说明书中鲜有主承销商承担责任的表述，而交易所债券市场的公司债券募集说明书在封面之后就以声明的形式明确规定了主承销商应承担的责任。

（2）在信用评级方面。《中介服务规则》要求信用评级机构应在充分尽职调查的基础上独立确定企业和债务融资工具的信用级别，出具评级报告，并对其进行跟踪评级。但由于我国评级业实行的是"发行者付费"机制,即由债券的发行人支付评级费用,评级机构必然受制于发行人的要求开展业务。当信用评级机构公正的评级不能满足发行人所要求的高信用等级时,发行人就会以撤换评级机构来要挟,迫使评级机构要么放弃该笔业务,要么违背客观性原则给予企业较高的信用评级。为取得业务,有些评级机构则通过为发行人提供评级"咨询"服务,帮助发行人达到高信用评级。这种"倒逼机制"最终会导致信用评级市场出现"劣币驱逐良币"的状况:公正独立的评级机构难以维持经营,与发行人合谋的评级机构却容易在竞争中胜出,从而造成我国信用评级市场的畸形发展,信用评级不具有可信性。比如,2018 年 6 月 22 日号称为国内"最专业、最具规模的信用评级机构之一"的联合资信给予永泰能源跟踪评级 AA +/稳定,[①] 但仅 13 天后,本金为 15 亿元的 2017 年度第四期短期融资券"17 永泰能源 CP004"即宣告违约。7 月 6 日上午,联合资信将债券已经违约的永泰能源主体评级从 AA +/稳定下调至 A/负面;同日下午,联合资信又将永泰能源主体评级从 A/负面下调至 CC/负面。[②] 在一个上午一次性下调 4 个信用级别,下午再次一次性下调多个级别,"变脸"之快,实属罕见。但即便如此,评级机构却也不用承担任何责任。评级机构缺乏评级独立性[③]、不受评级质量约束的现实情况必然导致相关评级缺乏公正性和公信力。这也解释了虽然我国70% 以上的债券获得 AA 及以上级别的高信用评级,但国际投资者仍不愿意投资这些"高级别"债券的原因。国际投资者确实关注评级的具体级别,但更重视评级的质量。[④]

(3) 在金融市场基础设施机构职责方面。《中介服务规则》未对金融市场基础设施机构提出除遵守相关法律法规之外的其他职责要求。相关审计研究指出,银行间债券市场的诸多基础设施机构对市场交易承担了一定的监控职责,但由于职责不清等原因,未能对市场实现有效及时的监测、核查和处罚,在市场监控环节存在漏洞。[⑤] 多边国际组织则认为金融市场基础设施具有联通国内外市场的作用,可以促

---

　　① 联合资信评估有限公司(简称联合资信)于 2000 年注册成立,总部设在北京,股东为联合信用管理有限公司和新加坡政府投资公司。联合资信资质齐全,是中国人民银行、国家发展和改革委员会、中国保险监督管理委员会等监管部门认可的信用评级机构,是中国银行间市场交易商协会理事单位。资料来源:联合资信官网,http://www. lhratings. com/about/jianjie. html。
　　② 《联合资信的信用评级报告》(联合信评〔2018〕119 号)[R/OL]. [2018 - 08 - 30]. http://www. lhratings. com/reports/B0995 - ZQPJ05672 - GG2018 - 2. pdf.
　　③ 大公国际资信评估有限公司(简称大公国际)就因缺乏独立性遭交易商协会处罚。相关资料载交易商协会网站 http://www. nafmii. org. cn/xhdt/201808/t20180817_71728. html,访问日期:2018 年 9 月 1 日。
　　④ Leslie Maasdorp. 中国债券市场——机遇与挑战 [J]. 债券,2017 (8).
　　⑤ 李晓钟. 审计债市:债券市场审计监管理论与实务 [M]. 北京:中信出版社,2014:258.

进国际优秀实践应用于本地交易，吸引境外投资者。① 但金融市场基础设施的这些职责或作用尚未形成体系化的实践。

对于中介机构履职要求，相关法律人士认为："之前监管重点在公司本身，中介机构涉及的处罚有限且较轻。这也导致了一些中介机构责任心不够强。如果中介机构能够充分承担起责任，对整个资本市场的健康发展都会起到积极的作用。"② 近期司法机构对交易所债券市场的一起虚假陈述案件及与之相关的中介责任作出终审判决③，不同于银行间债券市场仅要求中介机构承担"相应责任"，明确了未勤勉尽责的中介机构应与发行人、上市公司共同向投资者承担连带赔偿责任，对中介机构的专业履职要求更为严格。

3. 自律规则缺乏可执行性和惩戒性

交易商协会通过建立健全相关的自律规则体系，如《银行间债券市场非金融企业债务融资工具发行注册规则》《银行间债券市场非金融企业债务融资工具信息披露规则》《主承销商后续管理工作指引》《银行间债券市场债券交易自律规则》《非金融企业债务融资工具市场自律处分规则》（以下简称《自律处分规则》）等，不断提升自律组织实施日常监督、管理和规范的能力。相对于交易所债券市场，银行间债券市场的自律功能更为显著。只是在现有规范体系下，自律组织的市场规范功能仍处于相对较弱的态势。这既与制定法的授权不足有关，也与自律规则的可执行性不强有关。如债券持有人会议是债务融资工具持有人集体议事表达自身合理意愿的平台，也是持有人与发行人/信用增进机构等偿付主体就重大事项进行有效沟通协商的重要机制安排，是完善投资者保护机制体系的关键一环。但在债券市场风险事件处置过程中，由于交易商协会制定的《银行间债券市场非金融企业债务融资工具持有人会议规程》（以下简称《持有人会议规程》）并不是债券发行文件的组成部分，且规程的部分内容与现行法律规定不一致，导致出现根据规程产生的持有人会议决议效力不足、对相关方缺乏法律强制力等问题。

此外，自律规则的惩戒性也不强。根据《自律处分规则》，交易商协会对违规机构及个人可以执行诫勉谈话、通报批评、警告、严重警告或公开谴责等自律处分，还可以并处责令改正、责令致歉、暂停相关业务、暂停会员权利、认定不适当人选或取消会员资格。据统计，交易商协会自 2008 年以来共对 328 家机构的违规

---

① Leslie Maasdorp. 中国债券市场——机遇与挑战 [J]. 债券，2017（8）.
② 相关法律人士虽是对交易所债券市场的情况发表了上述评论，但同样适用于银行间债券市场。见张欣培. 违约频发掀机构追溯潮 监管罚单对症中介失责 [N]. 21 世纪经济报道，2018-09-13（15）.
③ 参见上海市高级人民法院（2018）沪民终 147 号民事判决书，具体介绍请见下文。

行为进行了自律处分，但大多集中在谈话和批评。① 近年来虽加大了处罚力度，如2015 年以来自律处分的机构数量和发行人数量都超过了前 7 年的总和②，但总体效果仍不明显。如 2017 年交易商协会共对 113 家（人）违规企业、中介机构和责任人实施了惩戒。违规情形主要涉及发行人定期财务信息披露违规、重大事项信息披露违规、募集资金使用违规以及不配合业务调查，中介机构主要涉及尽职履责不到位等问题。其中，发行人违规情形以定期信息披露违规为主，给予处分 53 家，占比 66%；资产抵质押、重大债务逾期、重大资产划转、减资以及破产等重大事项未及时信息披露 14 家，占比 18%；募集资金使用违规 5 家，未及时召开持有人会议 4 家，兑付公告信息披露违规、不配合协会业务调查以及注册发行信息重大遗漏违规 4 家。从自律处分的结果来看，惩戒程度较轻的诫勉谈话和通报批评是大多数，警告和严重警告并处暂停业务的是少数，而市场影响大、惩戒力度最大的公开谴责更是极少数。③ 这些处分措施对相关违规企业（人）而言，惩戒力不强，也起不到"杀一儆百"的警示效果。

4. 基础法律间未有效实现衔接

通常而言，我国债券投资者可以获得权利保障的法律渊源主要是《合同法》《公司法》《担保法》《物权法》《企业破产法》《证券法》和《刑法》等。④ 招募说明书作为一种契约可以约定发行人违约前后的投资者保护措施，但募集阶段较少存在发行人和投资者就招募说明书内容进行协商的过程，因而投资者只有投资选择权而没有投资发言权。招募说明书虽然受《合同法》管辖，但《合同法》并不长于投资者权益保护。⑤ 为此，立法者一般通过其他特别法或法律中的特别规定来弥补，如《公司法》通过"资本三原则"⑥"刺破公司面纱"，《企业破产法》通过破产制度等来保护债权人的利益。但在公司资本认缴日益盛行的当下，《公司法》的保护作用愈显苍白。破产清算是事后救济，该阶段债券持有人仅优先于股东受偿，

① 参见交易商协会. 债务融资市场自律管理情况［EB/OL］. 交易商协会网站，［2018 - 08 - 13］. http：//www.nafmii.org.cn/zlgl/zwrz/zlcf/.

② 杨毅. 银行间债市自律管理全面持续从严［N］. 金融时报，2018 - 03 - 22（007）.

③ 具体而言，交易商协会对 56 家发行人和中介机构予以责令改正，并对 9 家发行企业暂停一定期限业务，对 54 名发行人高管和相关责任人员进行自律处分并要求参加培训。资料来源：交易商协会. 关于 2017 年度非金融企业债务融资工具市场自律处分有关情况的通报［EB/OL］. 交易商协会网站，［2018 - 08 - 15］. http：//www.nafmii.org.cn/xhdt/201802/t20180205 _67485.html.

④ 银行间债券市场的投资者目前尚不能直接适用《证券法》，具体请见下文分析。

⑤ 关于《合同法》在投资者保护方面的不足，可参见朱小川. 银行理财业务中的法律适用——从保护客户权益的角度［J］. 银行家，2014（7）；朱小川. 从保护客户权益的角度探讨证券公司与客户的资产管理纠纷及相关制度［C］//中国证券业协会. 创新与发展：中国证券业 2016 年论文集. 北京：中国财政经济出版社，2017.

⑥ 根据现行《公司法》规定，我国公司资本的三原则主要包括资本确定原则、资本维持原则、资本不变原则。但近年来《公司法》改革已逐步不再遵循这些原则。

《企业破产法》保护力度同样有限。《担保法》《物权法》则仅适用于具有担保的债券，对于无担保的债券则也毫无用武之地。《证券法》不仅在立法目的上明确了要保护投资者的合法权益，而且在具体措施上通过控制发行人的主体质量，以信息披露为核心，给予投资者额外的法律保护。《刑法》中证券相关条款则对接《证券法》，将发行欺诈、内幕交易、市场操纵等确定为犯罪行为。

目前银行间债券市场法律体系存在的主要问题是基础法律间缺乏衔接。一是银行间债券市场的基础上位法是《中国人民银行法》，立法目的是确立央行地位和职责，保证国家货币政策的正确制定和执行，建立和完善中央银行宏观调控体系，维护金融稳定，与投资者保护干系不大。二是《中国人民银行法》与《证券法》《刑法》并无衔接①，银行间债券市场的投资者无法直接援引《证券法》《刑法》中关于证券市场投资者的保护或救济措施。银行间债券市场所发生的严重违法违规行为基本只能归类为权力寻租和利益输送两种形式②，属于扰乱市场秩序；对异常交易也没有明确定义③，难以直接挂钩投资者权益保护的法律。三是虽然我国债券市场主要由交易所债券市场和银行间债券市场组成，但是由于没有统一的法律适用于这两个市场，两个市场彼此分别制定了债券发行和交易的规则及管理秩序，对应的债券投资者保护机制也有较大差异，跨市场交易和执法都缺乏长效机制。如2013年开始，我国债券市场曾开展了针对跨市场窝案、串案等不法行为的"打黑"工作，取得了很好的整治市场秩序效果，但因两个债券市场没有统一协调、权责明确的稽查执法机关，难以形成长期有效的震慑机制。④ 近期这两个债券市场有加强联通的趋势，如何在新形势下更为公平有效地保护各类债券投资者已成为一个事关我国债券市场在新时代纵深发展的重大命题。

5. 司法前置程序存在反复

由于《证券法》《刑法》中关于证券犯罪的内容尚未直接适用于银行间债券市场，在实践中未出现根据《证券法》和《刑法》对相关责任方提起诉讼的案件。未来即使《证券法》和《刑法》可以直接适用于银行间债券市场，仍有相关司法程序问题尚待解决。最高人民法院（以下简称最高院）2003年施行的《关于审理证券市场因虚假陈述引发的民事赔偿案件的若干规定》（以下简称《虚假陈述若干

---

① 银行间债券市场的债券发行回避了《证券法》的有关规定，市场发展受到的法律约束较少，从而促进了产品创新及市场发展壮大。见李晓钟. 审计债市：债券市场审计监管理论与实务［M］. 北京：中信出版社，2014：9.

② 同注①，第250－254页。

③ 同注①，第258页。

④ 高国华. 互联互通：债券市场谋定发展方向和路径［N］. 金融时报，2014－05－16（007）.

规定》）第六条规定，投资人以受到虚假陈述侵害为由对虚假陈述行为人提起民事赔偿诉讼时，需同时提交有关机关的行政处罚决定或者人民法院的刑事裁判文书作为依据，以证明证券虚假陈述事实的存在。此后，最高院在 2015 年《关于当前商事审判工作中的若干具体问题》中曾指出，根据立案登记司法解释规定，因虚假陈述、内幕交易和市场操纵行为引发的民事赔偿案件，立案受理时不再以监管部门的行政处罚和生效的刑事判决认定为前置条件。据此，司法实践中有法院在受理虚假陈述等证券类违约案件时不再要求提供行政处罚决定和生效的刑事判决，如 2015 年 7 月，南京市中级人民法院在无行政处罚文书和刑事裁判文书的前提下，受理了小股东龙静文诉科林环保以及立信会计师事务所的证券虚假陈述赔偿案件，并且裁定驳回了科林环保等提出的管辖权异议。然而，2018 年 3 月最高院在马冰坡、广东威华股份有限公司证券虚假陈述责任纠纷再审审查与审判监督民事裁定书中又指出①，尽管《虚假陈述若干规定》已施行十几年时间，目前证券市场、司法环境等情况较制定该司法解释之时而言，已发生了较大的变化，但该司法解释目前仍然有效，在其未被废止或修订之前继续适用。据此，若起诉时并未提交有关机构的行政处罚决定或人民法院的刑事裁判文书以证实存在虚假陈述等行为，可能仍会被认为不符合起诉受理条件，立案后应当裁定驳回起诉。司法实践中对前置程序要求的反复，非常不利于债券投资者及时通过司法途径向发行人或承销商主张民事权利。

（二）未形成违约债券的交易机制

债券市场建立初期，由于对债券违约现象预期不足，同时担心信用风险传导，相关制度限制了违约债券的继续交易流通。目前，交易所债券市场均对违约的公司债券采取停牌措施，银行间债券市场则要求债券于到期日前一个工作日终止交易流通。这意味着债券一旦发生违约，就会影响可交易性，具体情况如下②：

一是大部分违约债券无法继续交易，可供交易的违约债券标的较少，无法形成有效的交易市场。根据目前两个市场的监管规则，违约债券在银行间债券市场的可交易性取决于是否到期，而交易所债券市场则取决于违约事实，即无法及时兑付利息或本金。目前债券市场大部分投资者是银行、保险资金和公募基金等机构，其风控要求一般不可以投资 AA 评级以下的债券。违约债券已不再符合这些投资者继续持有的条件，但可以是不良资产管理公司等其他投资者的投资标的。只是由于违约债券的交易机制缺失，无论是想通过抛售及时止损的持有人，还是想乘机购买的投

---

① （2018）最高法民申 252 号裁定书。

② 可参见李曙光．破除违约债券交易障碍　探索建立合理交易机制［N］．证券时报，2018 - 04 - 27（A14）．

资者，都无法通过正常的交易手段实现彼此的投资和风控策略，影响了市场对违约债券类资产的配置效率。

二是违约债券的私下交易缺乏制度保障。因债券违约影响其可交易性，必然给投资者造成信用风险与流动性风险的双重叠加。为控制风险，部分投资者绕道受监管的交易场所，通过私下签订债权转让协议等方式处置违约债券。此类交易在法律上虽仍可能被认定为有效，但监管机构无法对其进行有效的监管，交易安全与交易秩序难以保障。

违约债券交易机制的缺失意味着相关市场机制的不健全，必然加剧现有违约债券持有人的后期求偿诉求，扭曲其行为模式，不利于违约债券的处置及保障持有人的合法权益。建立科学有效的违约债券交易机制有助于提高债券违约处置效率，从而实现化解和缓释金融风险的目标，也有助于各类投资者充分利用市场机制达成各自的投资和风险管理诉求。目前违约债券无法交易的规定已实质影响到违约债券的处置效率，也不符合市场化的资源配置原则。人民银行最近已表示将推出到期违约债券的交易机制，并引导专业化不良资产处置机构参与违约债券处置。[①]

（三）信用风险衍生品尚未充分发挥效用

信用衍生品是指以转移债券等标的资产的信用风险为目的，将信用风险从标的资产中剥离出来并进行定价，一方将信用风险转移另一方的金融合约。如此，信用衍生品不仅可以影响发行人的融资成本，而且也可以方便投资者管理信用风险。在衍生品发达的金融市场，只要有信用事件就会有相应的信用衍生品。过去十几年，美国等成熟市场中发生了大量的信用事件，促进了信用衍生品的大发展。2008 年次贷危机后，全球信用衍生品发展得更为规范，如推动实施中央对手清算机制等举措，取得了较好的效果。

2010 年 10 月交易商协会发布了《银行间市场信用风险缓释工具试点业务指引》及相关配套文件。次月，我国首批信用风险缓释合约正式上线，每笔合约均针对单笔特定的标的债务，标的债务类型包括短期融资券、中期票据和贷款。信用风险缓释工具试点业务的推出充分遵循了市场发展的客观规律，顺应了我国金融市场发展的实际要求，有利于丰富投资者的信用风险管理手段，完善债券市场信用风险分担机制，对增强我国金融市场的竞争力和吸引力，对推动我国金融市场的深化、维护金融体系的稳定具有重要的现实意义。当前，银行间债券市场信用风险缓释工具还包括信用违约互换（CDS）和信用联结票据（CLN）等，但由于产品设计过于

---

① 尉奕阳．潘功胜：将尽快推出到期违约债券交易机制［EB/OL］．财新网，［2018 - 07 - 06］．http：//finance. caixin. com/2018 - 07 - 03/101290504. html.

稳健、应用范围窄、定价困难及与评级等其他市场机制的对接不顺畅等因素[①]，尚未成为对冲债券违约风险的主要工具。

（四）投资者保护与系统性风险管理之间的关系亟须深入研究

投资者保护与系统性风险防范之间的关系、相互作用和影响等内容尚属于新兴领域，未有更深入的研究。虽有研究意识到这两者之间存在紧密联系，指出系统性风险防范模式中应包含消费者/投资者保护的内容，但未有更为系统性的分析和论证。[②] 从国内外历次金融危机中可以发现，投资者保护与系统性风险防范至少属于"一荣俱荣、一损俱损"相互依存的关系；金融危机必然使得投资者的权益受到损害，而且危机越严重，损失也越大。2012 年，国际证监会组织（IOSCO）发布的《新兴市场机构投资者的发展与监管》报告则直接指出加强投资者权益保护是防范市场信心缺失的重要手段，也是降低市场系统性风险的重要因素。[③]

在我国银行间债券市场，如果发行人对于融资的宏微观形势及相关风险防范举措缺乏充分准备，就容易出现债券违约事件，从而影响到投资者权益。对于 2017 年来逐步扩大的债务违约潮，有观点就认为防范系统性风险的监管举措是直接导火索——去杠杆监管导致货币收缩，造成大范围债务违约。[④] 为降低企业的负债杠杆率，金融监管机构出台组合式的监管措施，企业的融资环境由此发生了根本变化，不少借助各类金融工具融资的企业突然发现无法获得持续的融资，发行人资金链断裂后，其发行在外的债券只能选择违约。

当发行人出现信用风险苗头时，债券持有人又必然会采取降低风险敞口的举措，如拒绝再认购新债、利用投资者保护条款要求回售、提前偿付、实施交叉违约条款等。由于很多信用债包含回售条款，持有人可以在事先约定期间要求发行人提前兑付债券。2018 年持有人可行使回售权的债券余额约为 1 万亿元，较 2017 年的 3 130 亿元增加 223%。2018 年上半年，由于利差扩大、违约率上升，持有人行使回售权的比例大幅高于 2017 年同期。2018 年下半年，持有人可要求立即还款的债券平均每月达到 1 100 亿元；且正常到期的债券金额约为 4.3 万亿元。如果所有可回售债券都在 2018 年行权，那么 2018 年的实际到期金额就有可能增加到 5.3 万亿元，

[①]　如负债率较高的企业仍能获得较高的信用评级，从而影响 CDS 的定价等。参见高宇. 信用衍生品在我国的发展现状及建议 [J]. 国际金融，2016 (6).

[②]　参见张陆洋，齐想. 国际系统性金融风险防范模式的转变与启示 [J]. 金融论坛，2018 (7).

[③]　IOSCO. Development and Regulation of Institutional Investors in Emerging Markets [EB/OL]. IOSCO 官网，[2018 – 05 – 01]. http://www.iosco.org/library/pubdocs/pdf/IOSCOPD384.pdf.

[④]　姜超，朱征星，杜佳. 货币潮退，违约潮起！——简析近期信用违约潮 [EB/OL]. 搜狐网，[2018 – 07 – 19]. http://www.sohu.com/a/231609319_460356.

高于 2017 年计入可行权金额的实际到期金额 4.9 万亿元。① 在债券市场整体风险走高的背景下，投资者不太愿意持有高风险债券，回售的意愿可能增强。

此外，在违约事件的冲击下，债券作为质押品进行再融资的能力也大幅下降。加上金融机构为降杠杆而抛售债券，导致债券市场流动性受到影响；债券违约引发的债券抛压使得市场恐慌情绪蔓延，导致金融机构对流动性的敏感度明显增强。一旦金融机构间融资出现困难，信用风险就会从企业层面扩散至金融机构层面。此外，与债券市场紧密关联的固定收益领域出现主体"爆雷"，也使得局部性风险和金融安全隐患增加，债券市场信用风险无序释放产生的蝴蝶效应继续导致相关金融产品（如资产管理类产品）面临集中赎回的风险。而不少金融产品相互嵌套、关联程度较高，个别产品赎回很可能快速向更大范围扩散，信用风险很可能因此演变成为金融市场的流动性风险。②

由于以往对债券违约采取"刚性兑付"手段，我国没有经历过高频率、大范围的债券违约潮，对债券违约的局部或区域性影响没有经过系统性压力测试，在一些不可预知外部因素（如中美贸易战）的"推波助澜"下有可能引发系统性风险。《中国金融监管报告 2018》从时间维度的角度分析指出，流动性风险是我国系统性金融风险的典型表现，且集中在银行间市场。③

债券违约既有个体"黑天鹅"事件的属性，也有整体"灰犀牛"风险的特征。当前市场对投资者的保护程度不完备，对违约债券的风险处置机制尚不健全，违约处置效率不高，是局部性债券违约容易引发市场性恐慌的原因之一。从长远来看，无序的债券违约必然制约着债券市场的稳健发展，甚至影响金融安全。如何平衡好投资者保护与系统性风险防范之间的关系，如何在风险处置机制尚待完善的情况下管理好投资者的风险预期都是亟需深入研究的内容，对投资者保护实践而言也是一种全新的尝试。

三、深化供给侧改革，完善债券违约风险的防范和处置体系

党的十九大报告中指出，要继续深化供给侧结构性改革，着力构建市场机制有效、微观主体有活力、宏观调控有度的经济体制，不断增强我国经济创新力和竞争力。当前我国金融体系正处于市场化、国际化和多元化的阶段，面临着比以往更加复杂的局面，深化供给侧结构性改革的要求就必然体现在对标国际成熟市场和国际

---

① IOSCO. Development and Regulation of Institutional Investors in Emerging Markets [EB/OL]. IOSCO 官网，[2018 – 05 – 01]. http://www.iosco.org/library/pubdocs/pdf/IOSCOPD384.pdf.

② 同注①。

③ 胡滨. 中国金融监管报告 2018 [R]. 北京：社会科学文献出版社，2018：9 – 11.

标准，不断完善我国金融体系的相关制度和机制。市场经济体系下出现债券违约是市场出清的一种正常表现，在经济下行周期中违约事件增多也属常态，是市场优胜劣汰机制的体现。日常债券违约并不必然引发金融危机并严重损害投资者权益，只要有公正合理、合法高效的违约防范和处置机制，债券违约事件就可以得到妥善处理。该机制必然与投资者的风险识别和承受能力相匹配，可以公正合理安排投资者权益，义务人必须全面及时履行义务，失职失责行为必然受到处罚并承担相应赔偿责任等。

（一）在源头上建立健全发行人债务风险防控机制

1. 正确认识当前债券违约的社会背景

当前凸显的债券违约问题具有一定的历史性、结构性和制度性特点。债券违约的集中爆发不仅是市场出清和周期性轮回现象，而且也是我国经济转型中部分企业过度负债经营的必然后果。随着国际金融危机的持续影响，国内外发展环境和条件发生变化，我国经济发展进入新常态。我国原有主要依靠要素投入、外需拉动、规模扩张的增长模式，受到越来越明显的制约。以往企业在低利率货币环境中依靠高负债进行投资可以获得快速发展，但在我国经济增长速度换挡期、结构调整阵痛期和前期刺激政策消化期"三期叠加"过程中，在刚性兑付被逐步打破的过程中，企业如不能相应及时缩减债务与投资规模，就极有可能陷入债务困境，并引发违约风险。现阶段债券违约风险的不断暴露正是企业对我国经济增长模式和经济结构调整的一种应激反应。

党的十九大报告提出经济新常态就要及时转变发展方式、优化经济结构、转换增长动力。在经济转型过程中，出现债券违约是正常的，也是必然的，但是要注意债券违约的规模及其对市场和投资者群体的负面影响，有效防范、有序处置，防止债券违约风险演变为局部性或区域性金融风险，防止债券违约成为侵犯投资者合法权益的手段和工具。

2. 积极稳妥降低发行人的债务杠杆率

2013 年至 2016 年，国有企业（包括国有控股企业）的盈利增速下降快于民营企业，但自 2016 年下半年以来，得益于宏观调控及去产能等政策影响，国有企业盈利增速后来居上，显著强于民营企业。2011 年至 2017 年，我国规模以上工业企业资产负债率从 59% 降至 55.7%，呈缓慢下降趋势。2018 年初以来，规模以上工业企业资产负债率又出现了回升迹象。工业企业负债率的此次反弹，主要是由于私营部门和下游企业资产负债率有所增加。以往国有企业资产负债率一直高出民营企业 4~10 个百分点，但民营企业资产负债率攀升后，两者差距已不到 4 个百分点。另外从行业层面看，2018 年以来，一些下游行业企业的资产负债率快速上升，如农副食品加工业、木材加工及木、竹、藤、棕、草制品业，纺织业、纺织服装、服饰业、文教、工美、体育和娱乐用品等。① 当经济下行压力增大并遭遇信用收缩时，企业不仅债务成本骤增，而且再融资能力也受挫，违约风险显著增加。为此，应及时降低上述负债率较高企业（行业）的资金杠杆率，从源头上防范这些企业的违约风险爆发。

2016 年《国务院关于积极稳妥降低企业杠杆率的意见》（以下简称《国务院降杠杆意见》）指出要充分发挥国有企业资产负债约束机制作用，建立国有企业资产负债约束机制，区分不同行业、企业类型设置资产负债率预警线和重点监管线；明确国有企业资本补充的条件、标准和资金渠道，支持国有企业通过增加资本积累、增资扩股、引入战略投资者、市场化债转股等方式多渠道筹集资本、充实资本实力、降低企业资产负债率。2018 年 9 月，中共中央办公厅、国务院办公厅又印发了《关于加强国有企业资产负债约束的指导意见》，明确提出了国有企业平均资产负债率到 2020 年末比 2017 年末降低 2 个百分点的要求，为建立国有企业资产负债约束机制明确了方向、原则和途径。

相比于国有企业，目前民营企业的资产负债率仍在增加，与之对应的后果是 2018 年民营企业债券违约成为主要的市场事件。《国务院降杠杆意见》提出的增加资本积累、增资扩股、引入战略投资者、市场化债转股等政策更多适用于国有企业。在民营企业自身盈利、现金流和外部融资环境都不优于国有企业的情况下，如何在源头上防范和化解民营企业的债务风险，仍需不断探索。民营企业债务风险存在多类源头：一是企业负债久期与投资周期不匹配。负债以短期为主，投资则以中长期为主。当外部环境处于信用扩张期时，债务可以通过借新还旧等方式偿还，违约风险不大；但当信用处于紧缩期，偿债问题就变得很突出。二是区域性互保现象严重。为获得高信用评级或更多外部融资，特定区域或行业内的民营企业间互保盛行，且多处于竞争较为激烈的产业链中下游。一旦产品链上下游支付关系断裂或发生数个担保事件就很容易形成"多米诺骨牌"效应，导致行业内信用风险横向蔓延。三是民营企业依靠自身力量获得外部融资的能力相对较弱。自身经营恶化往往导致债权人提前要求清偿债务而引发流动性危机。②

2018 年 4 月 2 日习近平总书记在中央财经委员会第一次会议上指出要以结构性去杠杆为基本思路，分部门、分债务类型提出不同要求，努力实现宏观杠杆率稳定和逐步下降；要分类施策，根据不同领域、不同市场金融风险情况，采取差异化、

---

① 相关数据参见张暧. 从高质量发展和经济转型看现阶段信用风险 [J]. 银行家，2018（9）.
② 同注①

有针对性的办法。对于民营企业的去杠杆步骤和举措，必然是在先总结国有企业资产负债约束机制的经验基础上，再通过市场化、法治化手段分阶段逐步推进，如引导民营企业建立债务风险防控机制，要求其持续披露包括担保情况在内的重要信息，严查弄虚作假行为；同时，也会进一步拓宽民营企业的融资渠道和方式，适时制定金融控股企业管理办法，将具有系统性重要性的民营企业纳入宏观审慎管理框架等。

此外，还有一个容易被忽视的可以规避去杠杆的融资工具——永续债。永续债市场从2013年起发展迅速，主要原因是作为混合资本工具，永续债在资产负债表上可列为权益而非负债，从而规避相关负债杠杆率的要求。据估计，目前我国永续债的余额为1.2万亿元。2018年到期的永续债将为680亿元人民币，占总余额的6%；2019年和2020年到期的余额分别为2 020亿元和4 650亿元。对于到期的永续债，持有人多期待发行人及时赎回；如果发行人不赎回，则说明发行人可能存在流动性风险，负债杠杆率未得到有效控制。建议市场监管机构持续关注永续债市场的发展情况，确保企业债务去杠杆的举措得到稳妥落实，能够充分发挥作用。

3. 在募集文件中增加发行人的偿债保障条款

为有效预防发行人随意违约，并在其违约情形发生后，按照市场机制最大限度维护投资者权益，应尽可能在债券发行文件中加入偿债保障条款，明确发行人违约的情形以及持有人可以采取的救济措施和程序。交易商协会2016年制定的《投资人保护条款范例》（以下简称《条款范例》）引导发行人将偿债保障条款在募集说明书中进行约定，通过事前明确事后处置程序，实现争议解决的市场化目标。《条款范例》梳理了发行人的风险事件特征，将其作为持有人会议的触发情形，形成"交叉违约条款""财务指标承诺""事先约束条款"和"控制权变更条款"四大类基本条款，并明确了违反约定的责任。《条款范例》虽不具有强制性，但提供了一个投资者权益事前保护的范本。如无其他原因，发行人及相关中介机构应主动在发行文件中全面适用；如确实不适用，则应提供情况说明。

（二）构建中介等机构勤勉尽责的法律义务框架

2017年，交易商协会先后发布《非金融企业债务融资工具注册专家管理办法》《非金融企业债务融资工具市场自律处分会议专家管理办法》《非金融企业债务融资工具定向发行注册工作规程》等一系列自律规则，优化了与投资者分层管理相适应的中介制度安排，取得了一定效果，但还未完全构建出中介机构勤勉尽责的义务框架，建议在以下几个方面予以进一步完善。

1. 细化并完善承销商等中介制度

对于银行间债券市场的承销商制度，建议参考和借鉴交易所债券市场关于公司债承销商的业务规范、承销商尽职调查指引等规定，对银行间债券市场主承销商的职责范围和工作要求作出更为明确和细致的规定，避免出现利益冲突等情形。通过构建明确、清晰、细致的银行间债券市场主承销商尽责体系，使主承销商的履职标准更为客观和可判断，同时加强对未尽责行为的处罚力度。

2018年4月交易商协会发布《关于切实加强债务融资工具存续期风险管理工作的通知》体现了前述要求，进一步细化和明确了主承销商对非金融企业债务融资工具存续期风险管理的相关要求，同时配发了《关于切实加强债务融资工具存续期风险管理工作的指导意见》（以下简称《存续期风险管理指导意见》）等两个附件，强化了主承销商对发行人的风险监测和参与违约处置的责任。相比2010年的《银行间债券市场非金融企业债务融资工具主承销商后续管理工作指引》，《存续期风险管理指导意见》新增了主承销商对存续期发行人开展现场回访或非现场排查的频率，并且要求主承销商"密切跟踪监测可能影响发行人偿付能力的信息，包括但不限于生产经营状况、财务情况、外部融资环境、股权结构变化、重大诉讼、负面舆情、证券二级市场交易等"，"原则上，主承销商对存续期发行人应至少每季度开展一次现场回访或非现场排查，相关书面文件需存档备查；对存在较高风险的发行人即重点关注类企业至少每月开展一次现场回访并重点了解发行人征信情况、账面资金状况、外部融资环境等信息，同时根据需要开展不定期电话和书面调查"。细化后的主承销商制度不仅明确了其对发行人进行监测的类型和频率，而且还细化了发行人的违约风险评估类别；要求主承销商提前了解债务融资工具兑付资金落实情况并采取相应措施，按要求对发行人的相关情况进行报告和存档。在违约处置方面，《存续期风险管理指导意见》首次明确了违约处置过程中主承销商的相关责任，包括积极研究处置方式、及时召集召开债券持有人会议、及时与交易商协会等相关方建立有效沟通机制等。自律规则将各类要求细化为"手册式"趋势有利于事前明确相关流程，减少事中及事后的沟通成本，提高自律监管的工作效率，也有利于正确评估主承销商是否真正勤勉尽责。承销商制度可以在《存续期风险管理指导意见》的实施过程中得到进一步的完善；对于其他中介的要求也可参照细化后主承销商制度分别细化，形成具有兼顾自身特点和可执行性的制度规范。

2. 完善信用评级制度

提高信用评级行业的公信力是完善评级制度的关键。为此，建议信用评级由采用"发行者付费"模式改为由投资者承担评级费用的模式，并将投资者购买公司债券的这一额外成本给予价格补偿；并且通过立法确定包括评级机构在内的各类中介机构职责和相应失职惩罚措施，以此确保信用评级机构必须具备合格的资质，并能对自身的行为负责。同时，引入国际通用的双评级制度取代目前的单一机构评级的做法，提高信用评级结果的客观性和准确性。

2018 年 3 月，交易商协会发布了《银行间债券市场信用评级机构注册评价规则》《非金融企业债务融资工具市场信用评级机构自律公约》《非金融企业债务融资工具信用评级业务调查访谈工作规程》等针对性较强的评级规范要求，同时允许境外机构参与我国的债市评级，进一步增加信用评级行业的竞争，也便于中国信用债市场得到境外投资者的认可。通过加快信用评级行业的对外开放和有序退出也可以促进中国信用评级业水平的提升[①]，使得评级行业可以产生"优胜劣汰"效应，也有利于评级业的健康发展。

资本市场发达国家的经验也表明，有效的法律责任制度也是督促评级机构确保评级质量的有效手段。为此，可以参照 IOSCO 制定的评级机构行为准则，拟定统一适用于我国债券市场的评级机构规范[②]，将评级机构是否遵循法定程序和严格执行执业标准作为判定评级机构是否应对评级结果承担责任的关键因素。[③]

3. 完善金融市场基础设施制度

2008 年国际金融危机后，国际社会对构建高效、透明、规范和完整的金融市场基础设施达成广泛共识。2012 年，在结合危机经验教训和总结届时国际标准的经验基础上，国际支付结算体系委员会和国际证监会组织联合发布《金融市场基础设施原则》（PFMI），并将金融市场基础设施定义为"在各参与机构（包括系统运行机构）之间用于清算、结算或记录付款、证券、衍生工具或其他金融交易的多边系统"；其范畴包括支付系统、中央证券存管、证券结算、中央对手、交易数据库等五类，但不包括交易所、交易执行设施或多边交易压缩系统。[④]

金融市场基础设施首先可以为不同金融市场参与者提供关于金融交易的支付、清算、结算和其他相关记录的服务，从而确保金融市场的正常运作和持续发展。其次，金融市场基础设施还可以通过联通彼此而连接不同的金融市场，促进全球金融市场的互联互通，金融资源在全球得到有效配置。再次，金融市场基础设施通过自身的风控系统介入市场风险的管理，特别是对于局部性或系统性的风险管理。相关历史事件也证明：金融市场大多数重大风险事件的发生或多或少都是因为始作俑者

---

① 纪志宏. 债券市场的机制建设 [J]. 中国金融，2017（1）.

② 如 2018 年 9 月，中国人民银行、中国证监会联合发布 2018 年第 14 号公告称，将推动银行间债券市场和交易所债券市场评级业务资质的逐步统一，实现信评机构业务的资质互认，对推动评级业的统一规范起到了促进作用。

③ 周俊杰. 从次贷危机后的诉讼案例看评级机构法律责任的演进 [J]. 河海大学学报（哲学社会科学版），2011，3（83）.

④ 国际支付结算体系委员会，国际证监会组织. 金融市场基础设施原则 [S/OL]. [2018 - 01 - 27]. https://www.bis.org/cpmi/publ/d101.htm.

背离了 PFMI；凡是按照 PFMI 规范运作的金融市场基础设施，即使遇到 2008 年金融危机那样的大幅波动，也可以维持相关金融市场的稳健运行，避免风险升级蔓延。① 最后，金融市场基础设施机构还可以提供辅助监管和投资者保护等服务。金融市场基础设施因其市场基础性地位和独特的信息聚集或风险管理能力而越来越为金融管理部门所依赖。规范运作的金融市场基础设施可以通过风控手段有效防范客户欺诈和风险事件，助力投资者保护措施的落实。

但目前对我国银行间债券的登记托管、清算结算等基础设施安排，基本都停留在部门规章和规范性文件层面，法律效力层级较低，自律规范欠缺，与其他市场基础设施的联通功能也未充分发挥；对一些市场新情况，如违约债券特殊的登记托管结算事宜，存在"无法可依"的状态；对于市场行为监测和投资者保护的功能定位以及不同市场间基础设施的统筹管理框架也均未形成。② 为此，建议尽快拟定统一的债券市场基础设施管理办法，明确基础设施机构功能、职责和义务，特别是其在投资者保护方面的功能，促进其更好履职和发挥作用。

（三）扩大并强化自律规则的覆盖面和约束力

1. 有效落实《投资人保护条款范例》

交易商协会的《投资人保护条款范例》不仅引导发行人将偿债保障条款以契约形式在募集说明书中进行约定，而且为缓解持有人要求赎回给发行人带来的资金压力，还首次引入含"增加担保、提高票面利率、回售权"等多种措施的"违反约定救济工具箱"，在法律许可的范围内，允许发行人采取一定的补救措施。此外，《条款范例》还创新设置"资产池承诺"条款，发行人可通过承诺相关资产作为本期债项偿债资金来源，保证兑付资金需求。如果将这些内容付诸实践，可以切实地起到保护投资者的作用，因此有必要积极落实《条款范例》，扩大其适用范围，使其真正成为行业标杆，发挥自律引领作用。

2. 逐步将银行业金融机构债权人委员会机制纳入自律范围

为防止个别债权金融机构对债券违约的发行人（或其控股股东）单独采取行动，导致困难企业经营风险加大，2016 年中国银监会推出了银行业金融机构债权人委员会（以下简称金融债委会）机制。③ 金融债委会由债务规模较大的困难企业的三家以上债权银行业金融机构发起成立；金融债委会对银行债权人的基本要求是稳

---

① 沈伟. 让金融基础设施原则在支付领域更广泛应用［EB/OL］. 新浪财经，［2018 - 01 - 30］. http：// finance. sina. com. cn/money/bank/bank _ hydt/20160516/104424700781. shtml.

② 参见朱小川. 加强对金融市场基础设施的统筹监管［J］. 清华金融评论，2018（4）.

③ 《中国银监会办公厅关于做好银行业金融机构债权人委员会有关工作的通知》（银监办便函〔2016〕1196 号）。

定信贷，不得随意停贷、抽贷。公开资料显示，截至 2018 年 8 月末，我国共有存续的金融债委会 1.7 万余家。金融监管机构和地方政府在金融债委会的组建和运营中起到了引导和推动作用。2018 年 8 月，江苏省政府牵头成立了三胞集团金融债委会，要求金融债委会成员对该集团存量融资的偿还给予两年的缓冲期，并撤回前期诉讼。同月，永泰集团金融债委会也成立并召开第一次会议，银保监会、人民银行、证监会、山西省政府、河南省政府等有关部门出席，70 余家金融债权机构、部分债券受托管理机构及债券持有人参会，对永泰集团债务风险化解工作进行研究和部署，要求金融债委会成员不抽贷、不压贷，不采取起诉、查封资产等措施。

金融债委会机制的主要作用是通过银行债权人和债务人的共同努力帮助债务人渡过短期的债务流动性危机，不同银行债权人也尽量做到共进退，而不是各自采取措施进行违约处置，避免在客观上加剧债务人的债务困境。虽然金融债委会在一定程度上可以缓解信用风险，但也有被滥用的风险，如债务人可能会过分依赖金融债委会来处理债务问题，非银行债权人的利益和诉求如何体现等。金融债委会是一个协商性、自律性、临时性组织，目前在法律和自律规则层面对此并没有具体规定，唯一可以与之类比的是我国《企业破产法》对债权人会议及债权人委员会的规定，但两者的具体实践差异较大。为更好发挥金融债委会的作用，建议将其纳入自律管理范畴，有效对接《企业破产法》，总结归纳按"一企一策"原则制定的各类风险化解举措，尽可能形成适合我国国情的相关金融风险处置和投资者自我保护的长效机制，而不是每次都要依靠金融监管机构和地方政府出面斡旋。[①]

3. 丰富自律管理手段，提高自律处分效力

自律管理手段是自律组织维护市场秩序的基础；成熟金融市场均在法律授权范围内，赋予自律组织丰富多样的自律管理手段。[②] 如前所述，[③] 目前银行间债券市场的自律处分的惩戒性不强，以批评警告为主，对严重的违规行为最多给予暂停业务和公开谴责的处分。反观交易所债券市场，自 2013 年至今，中国证监会、上海证券交易所和深圳证券交易所对发行人和包括承销商、受托管理人、会计师和评级机构在内的中介机构合计开出 357 张监管罚单。[④] 证监会的处分手段包括没收收入和罚款等，交易所则以公开谴责、通报批评为主，针对不同类型的违规行为实施不同层级的处罚措施，警戒效果相比更为明显。

---

① 关于金融债委会的形成过程及其具体实践，可参见张春. 银行业债权人委员会制度：理论基础、现实需求及优化路径 [J]. 金融监管研究，2016 (11).

② 谢多. 开创银行间市场自律管理新格局 [J]. 中国金融，2018 (20).

③ 参见前文"二、（一）3. 自律规则缺乏可执行性和惩戒性"。

④ 张欣培. 违约频发掀机构追溯潮 监管罚单对症中介失责 [N]. 21 世纪经济报道，2018–09–13 (15).

　　鉴于此，应充分借鉴国内外经验，不断完善自律管理的范围、提高自律规则的震慑力。一是通过法律法规等方式赋予自律组织充足的自律管理手段，进一步强化自律管理效力和自律规则作为"软法"的内在约束力。二是进一步加强银行间债券市场的自律处分实施空间，如细化自律处分配套制度和有关规定，完善处分依据体系，健全处分工作机制和程序，加大对市场机构失信行为的事后调查和处分力度等；自律组织应用好市场准入的权力，建立黑名单制度，惩戒警示违规事件、严肃市场纪律。三是有机结合行政执法和自律管理，更好维护市场运行秩序。尝试应用多种手段对市场违规行为进行惩戒，而不完全依赖于自律手段；加快推进形成债券市场的跨市场执法机制，形成行政执法对银行间债券市场和交易所债券市场的全覆盖等。①

　　（四）不断健全和完善债券投资者保护的法律制度

　　1. 将银行间债券市场纳入《证券法》等强调投资者保护的法律管辖范围

　　相比交易所债券市场，银行间债券市场较少对虚假陈述、信息披露违规事项采取行政强制手段，也鲜有涉及发行欺诈、虚假信息披露、操纵、内幕交易等刑事犯罪案例。② 原因既有法律适用方面的，如不适用《证券法》及《刑法》中对应《证券法》的规定和相关司法解释③，也有自身规范方面的，如《银行间债券市场非金融企业债务融资工具管理办法》及相关行业规定未明确虚假陈述、重大遗漏的定义及中介机构勤勉尽责的判断标准④，自律规则缺乏行政强制手段等。银行间债券市场以实施自律管理为主，自律管理不仅存在前述惩罚力度不足的问题，而且也存在可能的管理漏洞，如美国次贷危机的发生就与强调自律管理的场外衍生品市场发展失控有直接干系。参照下述交易所债券市场关于虚假陈述的一起司法判决，不难推测：如果《证券法》适用于银行间债券市场，则与《证券法》相关的司法解释也将适用于银行间债券市场，即使自律规则规定不甚完整，司法裁判也会根据上位法及司法解释来确定发行人责任及市场中介机构勤勉尽责的义务框架，并且有严格界定的趋势，投资者保护的力度也必然因此得到强化。

---

　　① 谢多. 开创银行间市场自律管理新格局 [J]. 中国金融，2018（20）.

　　② 交易所市场的案例较多。如 2018 年 7 月，中国证监会对五洋建设集团股份有限公司（简称五洋建设）涉嫌欺诈发行公司债券、信息披露违法一案作出行政处罚，并表示相关责任主体涉嫌刑事犯罪的，将依法移送公安机关追究刑事责任；为五洋建设本次违法行为提供中介服务的证券服务机构如存在违法行为，一经查实，也将依法严惩。详见中国证监会新闻，http://www.csrc.gov.cn/pub/newsite/zjhxwfb/xwdd/201807/t20180706_340872.html，访问日期：2018 年 8 月 29 日。

　　③ 交易所债券市场适用最高人民法院《关于审理证券市场因虚假陈述引发的民事赔偿案件的若干规定》，其中详细规定了各类不实披露的定义。

　　④ 参见徐韬峰，魏国俊，段自勉. 银行间债券市场发行虚假陈述中承销商民事法律责任研究 [EB/OL].[2018-09-04]. http://www.zhonglun.com/content/2018/08-07/2318134250.html.

2017 年上海市第一中级人民法院对股民起诉大智慧公司虚假陈述索赔案作出判决（2017）沪 01 民初 564 号民事判决，判决大智慧公司向大智慧股票投资者赔偿损失 977 万余元，同时还判决大智慧公司 2013 年年报审计机构立信会计师事务所（简称立信所）对投资者损失承担连带清偿责任。一审法院在判决中认为，立信所作为大智慧公司 2013 年年报的审计机构，应出具标准无保留意见的审计报告；对此中国证监会的行政处罚中明确指出立信所在审计过程中存在多项违法事实，故立信所应当就投资者的损失与大智慧公司承担连带赔偿责任。2018 年 9 月，上海市高级人民法院在（2018）沪民终 147 号民事判决书中确认了一审法院的判决，并对中介机构的责任补充分析如下：

立信所主张本案应适用《最高人民法院关于审理涉及会计师事务所在审计业务活动中民事侵权赔偿案件的若干规定》（简称《若干规定》），因其主观系过失，故其承担的应是补充赔偿责任而非连带责任。二审法院对此并未采纳。理由是在证券市场中，会计师事务所出具的会计报告对于众多投资者的投资行为具有重大的、决定性的影响，会计师事务所在为上市公司出具会计报告时应当更为审慎、勤勉尽责。我国《证券法》明确规定了证券服务机构应当勤勉尽责，对所依据的文件资料的真实性、准确性、完整性进行核查和验证；其制作、出具的文件有虚假记载、误导性陈述或者重大遗漏，给他人造成损失的，应当与发行人、上市公司承担连带赔偿责任，但是能够证明自己没有过错的除外。《若干规定》也规定专业中介服务机构知道或者应当知道发行人或者上市公司虚假陈述，而不予纠正或者不出具保留意见的，构成共同侵权，对投资人的损失承担连带责任。

立信所作为专业证券服务机构，对于审计过程中发现的重大、异常情况未按照执业准则、规则，审慎、勤勉地执行充分适当的审计程序，对会计原则进行适当调整，导致大智慧公司的提前确认收入、虚增销售收入、虚增利润等严重违法行为未被及时揭示，对于大智慧公司虚假陈述事件的发生具有不可推卸的重大责任，立信所未举证证明其对此没有过错；尽管立信所的违法行为与大智慧公司的虚假陈述行为并非完全一一对应，但根据中国证监会的处罚决定内容，两者在虚假陈述行为的主要方面基本吻合，可以认定为构成共同侵权，依法应与发行人、上市公司承担连带赔偿责任。

为此，建议在银行间债券市场的上位法体系中增加《证券法》，明确银行间债券市场的债务融资工具属于《证券法》所定义的"证券"，明确目前银行间债券市场的监管机构有权根据《证券法》的赋权采取强制措施。只有这样，银行间债券市场的投资者才能充分援引《证券法》《刑法》体系所赋予的保障权利，银行间债券市场的管理机构也才能充分行使法律赋予的投资者保护监管权力，司法机构也才能按照相同的法律对两个债券市场的发行人和市场中介类似的欺诈或失职行为实施相对一致的裁判，两个债券市场的规则体系也才可能有彼此衔接的可能①，并为相关债券的跨市场发行和交易、投资者跨市场维权提供坚实的法律依据。

2. 参考成熟市场，进一步完善相关法律制度

美国对债券市场投资者的保护主要以《1933 年证券法》（简称美国《证券法》）和《1939 年信托契约法》（简称《信托契约法》）为基础，从债券评级、发行、交易、信息披露到日常监管形成了一套相对完整的流程和制度，且不存在任何《证券法》管辖之外的证券市场。这些法律在有力促进资本市场发展的同时，也为有效防范和处置发行人违约提供了制度依据。

只要被确定为债券发行的范畴，美国债券投资者就能够享受相关法律规定的投资者保护要求。并且，这种投资者保护要求比根据合同法主张的平等保护更加有利，即便是对机构投资者也是如此。比如，发行人根据美国 144A 规则等以私募方式发行的债券，虽不必向美国证监会（SEC）登记注册，但仍需要满足信息的公平披露要求，且不豁免美国《证券法》的其他义务，尤其是反欺诈的要求。美国《证券法》第 11 条明确规定：如果在有价证券申请上市登记表中存在任何一处错误的资料，所有债券发行主体的参与者都将承担由此产生的不良后果；此外，当债券注册报告书的任何部分在生效时含有对重大事实的不真实陈述，或漏报而使人误解重大事实时，任何获得这种证券的人有权对以下几类关系人提出司法诉讼，让其承担法律责任：（1）在有价证券申请上市登记表上签名的债券发行主体关系人；（2）在债券发行注册报告书中的董事（或履行类似职能的人）或合伙人；（3）所有鉴定有价证券申请上市登记表，认可并在有价证券申请上市登记表签名的专家；（4）所有债券包销人。如果债券并没有注册登记，根据美国《证券法》第 12 条，在提供的函件中如有任何错误的资料，债券发行的所有参与者都要负责。

即便如此，美国还在不断更新其投资者保护的相关法律。2002 年《公众公司会计改革和投资者保护法》（又称《萨班斯—奥克斯利法》）对美国《证券法》《1934 年证券交易法》做出大幅修订，在公司治理、会计职业监管、证券市场监管等方面制定了许多新的规定，加大了对公众公司高管及会计从业人员的法律责任，尤其是刑事责任。比如，对违法的公司高管人员可以处以最高 20 年监禁，最高 500 万美元的罚款等；将蓄意提交虚假的资料信息，知情情况下肆意销毁任何审计工作文件，破坏、更改或伪造记录意图妨碍、阻挠或影响任何政府调查或任何破产清算

① 参见冯果. 债券的证券本质与债券市场法制化——《证券法》修订背景下的债券法律体系重构与完善［J］. 证券法苑，2016（1）.

程序，对向美国联邦调查局或法律执行机构提供线索、信息的人进行歧视及打击等行为界定为渎职犯罪；并将起诉证券欺诈犯罪的诉讼时效由原来从违法行为发生起3年和被发现起1年分别延长为5年和2年。次贷危机后，美国证券投资者保护得到进一步强化，根据2010年《多德—弗兰克华尔街改革与消费者保护法》成立了新的投资者保护机构——消费者金融保护局，确保消费者购买金融产品时得到准确、清晰、易懂的信息；扩大证券投资者保护的产品范围；加大处罚力度，将违反《证券投资者保护法》的罚金从5万美元提高到25万美元等。

相比而言，我国《证券法》等法律制度相对显得较为原则和抽象，且更依赖于行政手段，对民事的违约救济在司法实践中也还有较烦琐的前置性程序性要求。此外，我国也没有类似《信托契约法》的法律来规范债券受托管理人的权利和义务，相关投资者保护的法律制度更新也较为缓慢。这些基础领域将是我国债券市场（包括银行间债券市场）法律制度在未来需要进一步完善的方向。总体上，我国投资者保护需要高位阶的法律制度。现有相关投资者保护的制度规定位阶不高、层级有限。一方面，涉及投资者保护的法律非常有限。虽然我国制定了《消费者权益保护法》，但其并不适用于资本市场投资者，且资本市场投资者保护在内容上和方式方法上也不同于日常消费者；正在修订的《证券法》有专章规定了投资者保护，但内容极其有限。另一方面，金融管理部门制定的投资者保护制度只能停留在部门规章和规范性文件层面，在效力和层级上均显不足，在司法实践中也并不必然成为审判的依据。鉴于我国法律对于投资者保护仅有原则性规定的现实情况，建议制定专门的投资者保护行政法规，如《资本市场投资者保护条例》等。① 这在制定程序上比法律相对简便，在内容上也更容易达成一致，同时也符合我国投资者保护机制具有行政主导的特点。

3. 移植其他有效的投资者保护制度

（1）引入债券受托管理人制度。保护债券投资者权益不仅需要债券契约，还需要负责监督契约条款得以执行的受托管理人。美国《信托契约法》第302条明确：如果债务人不能指定受托人，那么投资者可能因人数众多而无法统一诉求，投资者权益无法得到完整保护。因此，该法规定公开发行债券的发行人必须指定一个债券受托管理人。私募发行的债券通常也有负责监督职责的受托管理人。

根据契约，受托管理人将作为债券持有人的代表，监督发行人偿还债务和履行债券契约。受托管理人还负责提供债券兑付和转让服务，组织债券持有人大会，向

---

① 参见王雪青.徐明：应尽快制定《资本市场投资者保护条例》［EB/OL］.［2018－09－29］. http：// news. cnstock. com/news，bwkx－201809－4277538. htm？from＝timeline&isappinstalled＝0.

投资者提供月度报告，及时向投资者和评级机构报告发行人违反债券契约的情况等。而且，在债券发行之前，受托管理人就获知债券发行的条款，确保其合乎法律规定。在债券违约的情况下，受托管理人要负责采取行动执行债券契约中的补救条款，加快债券到期，甚至对发行人提出诉讼。债券受托管理人制度有助于降低债券的违约成本，提高债券对投资者的吸引力。美国债券市场的各方参与者受债券契约的严格规制，债券受托管理人制度作为重要机制始终贯穿债券风险防范和处置过程。[①] 日本债券市场也借鉴了美国《信托契约法》，推出了"附担保企业债券信托制度"。在 1993 年修订的日本《商法》中又专门明确了企业债信托机构的强制性义务，以保护债权人的权益，债券受托管理人的范围也得到进一步扩大。具体来说，企业债券受托管理人的权限主要包括：①具有为保护企业债债权人获得投资偿还及确保其他债权的实现所必需的一切诉讼及诉讼之外的行为；②召集债权人开会、陈述自己观点、执行会议决议；③具有根据会议决议，对所有企业债券行使延期支付、和解、破产及企业重组程序上的权利；④为行使以上权利，经日本法院批准后具有对发债企业的相关业务及财务状况进行调查的权力。受托管理人制度在很大程度上减少了债券到期发行人不履约的风险。[②]

我国交易所债券市场已引入了受托管理人制度。虽然实施时间不长，但对于存在受托管理人制度空白的银行间债券市场而言，仍不啻为一个很好的借鉴。在部门规章层面，关于受托管理人的权利义务，主要见于中国证监会在 2015 年 1 月发布实施的《公司债券发行与交易管理办法》（简称《公司债管理办法》）。在自律规范层面，中国证券业协会于 2015 年 6 月发布的《公司债券受托管理人执业行为准则》（简称《公司债受托人行为准则》）及 2017 年 3 月发布的《公司债券受托管理人处置公司债券违约风险指引》（简称《公司债受托人指引》）对受托管理人的管理义务作出了细化规定。根据上述规定，在债券发生预计违约或实质违约的情况下，交易所债券市场上受托管理人的权利义务情况大致如下。

权利义务	制度依据
勤勉尽责，公正履行受托管理职责，及时披露可能存在的利益冲突情形及相关风险防范、解决机制	《公司债管理办法》第四十九条
召集债券持有人会议	《公司债管理办法》第五十条、第五十五条；《公司债受托人指引》第十一条、第十八条

---

① 段丙华.美国债券违约风险化解路径及启示：基于市场演进［J］.证券法苑，2016（1）：262.
② 张自力，林力.日本企业债券市场的结构特征及监管制度［J］.证券市场导报，2013（8）.

续表

权利义务	制度依据
及时履行信息披露义务	《公司债管理办法》第五十条； 《公司债受托人行为准则》第十一条、第十七条
要求发行人追加担保，并可以依法申请法定机关采取财产保全措施	《公司债管理办法》第五十条； 《公司债受托人行为准则》第二十条； 《公司债受托人指引》第十二条、第十七条、第二十条
勤勉处理债券持有人与发行人之间的谈判或者诉讼事务，可以接受全部或部分债券持有人的委托，以自己名义代表债券持有人提起民事诉讼、参与重组或者破产的法律程序	《公司债管理办法》第五十条； 《公司债受托人行为准则》第二十一条； 《公司债受托人指引》第十九条、第二十二条

建议银行间市场借鉴交易所债券市场中关于受托管理人的规定，引入债券受托管理人制度，明确受托管理人的定位、职责、报酬、利益冲突管理、选任、辞任以及损害赔偿等内容[1]，并且充分发挥受托管理人在债券募集说明书中代表投资者对发行人和承销商进行责任约定的作用，明确约定发行人和承销商等中介机构未尽职责所应承担的民事责任。

（2）根据情况引入偿债保障基金制度。很多债券市场发达的国家都设立了偿债基金制度，并在基础设施建设和能源开采等行业发行债券中运用得较多。为确保发行人能在债券到期日有足够的资金偿还持有人的本金，发行人在债券未到期前就预先按期提存一部分基金，从而将还款压力分散至若干年内，这样的基金被称为偿债基金或减债基金。债券发行人应按照债券契约的有关规定提存偿债基金，每年提存的基金终值应等于债券的本金。如果偿债基金不足以清偿债券本金，则需要补足。偿债保障基金通常需要存入指定的一家银行，由该银行作为其信托管理人，该基金的投资收益可用于增加偿债基金的总额。在债券到期之前，基金并不能用以抵销债务，但偿债基金设立后对发行人的违约风险具有很大的防范作用，对债券持有人也有较大的保障作用。根据不同的发行人，可以拟定不同的偿债基金模式。除了前述的银行作为受托人的模式外，还可以有独立法人等其他模式，偿债基金作为独立的法人按市场原则规范运作，在确保基金流动性的前提下，投资货币、资本市场以获取收益。

（五）丰富违约风险管理工具和手段

丰富违约风险管理的工具和手段，进一步推动债券市场产品和机制创新，也可

---

[1] 参见陈洁，张彬. 我国债券受托管理人制度的构建与选择 [J]. 证券法苑，2016（1）.

以起到相应的投资者保护效果。

1. 扩大债券增信或规避风险的手段和方式

从美国经验来看，债券增信的手段和方式多样，除了传统的抵（质）押担保、第三方担保外，还包括购买信用保险、利用信用衍生品等其他手段。现代债券保险服务起源于美国，经过多年的发展，美国债券保险制度不仅帮助发行人降低了发债成本，丰富了债券品种，为不同风险偏好的投资者提供更多选择，同时也对建立健全金融市场风险分摊机制具有重要意义。受次贷危机的严重影响，美国债券保险综合成本率急剧攀升，但是随着美国经济的复苏，美国债券保险的发展也逐渐趋于稳定。债券保险作为美国金融市场风险分散机制的一个重要组成部分，在帮助债券发行人进入债券市场、债券投资者获得投资保障等方面的价值依然存在。①

此外，银行间债券市场自 2016 年起陆续推出信用违约互换（CDS）、信用联结票据（CLN）等信用风险缓释工具（CRM），信用衍生品市场的参与者队伍逐步扩大，制度及信息化建设不断加强，市场交易运行有序推进，在探索完善信用定价、丰富参与者风险管理手段等方面发挥了积极作用。市场参与者通过 CRM 交易实践积累了业务经验，并在 CRM 市场与债券市场联动发展等方面进行了多项有益探索。

在充分吸取国际金融危机的经验教训和认真分析我国债券市场实际情况的基础上，我国信用衍生品的发展应遵循"服务实需、简单透明、严控杠杆"的原则，做到产品结构简单明了、交易杠杆率可控及参与者风险可承担，要加强全口径信息报备，提高市场透明度，防范系统性风险②，并在此基础上可以适当扩大相关主体（如创设机构、交易商和投资者）和参考债务的范围，提高衍生产品的针对性和实用性，平衡市场的供需关系。如近期人民银行就表示将引导设立民营企业债券融资支持工具，通过 CRM、担保增信等多种方式，支持符合条件的民营企业进行债券融资。③

2. 不断完善资产证券化制度

资产证券化（ABS）产品具有"破产隔离"效果，可以有效防范发行人的信用风险。但资产支持证券相较普通债券来说，结构更为复杂、涉及机构更多，在各环节的操作上需要更加明晰的制度作为指引，以确保投资者的利益得到保障。

资产证券化项目经过"破产隔离"后，基础资产自身具有一定的不透明性，在存续期投资者也很难对项目进行实质性管理。目前资产证券化的信用风险识别尚无

---

① 张启迪. 美国债券保险业：迟来的复苏？［J］. 金融市场研究，2017（10）.

② 纪志宏. 债券市场的机制建设［J］. 中国金融，2017（1）.

③ 中国人民银行，设立民营企业债券融资支持工具 毫不动摇支持民营经济发展［EB/OL］. 中国人民银行网站，［2018－10－22］. http://www.pbc.gov.cn/goutongjiaoliu/113456/113469/3649346/index.html.

完整的制度模型，亟需更透明、更全面的信息披露机制及对证券化各方责任的全面界定。[①] 根据相关案例所反映的问题，为更好保护投资者权益，在资产证券化过程中须加强以下几方面的工作：一是中介机构在尽职调查中应关注基础资产存在的权利瑕疵以及相关权利人情况；二是在存续期关注基础资产运行及现金流归集类问题，定期检视预测现金流与实际现金流情况的差异，及时报告原始权益人未按约定程序归集现金流的情况，及时发现资金混同问题等；三是持续做好信息披露工作，在计划说明书中对底层资产进行穿透性披露，充分披露现金流跟踪情况并根据实际情况及时修正后续期间预测现金流量等；四是要注意防止资产证券化业务演变成变相的加杠杆金融工具。

3. 建立违约债券的交易机制

目前，在银行间债券市场进行违约债券交易涉及的规则体系主要由三个层次构成：一是《中国人民银行法》《合同法》等法律；二是中国人民银行制定的部门规章及规范性文件；三是交易商协会、同业拆借中心等自律管理或市场组织机构制定的市场规则。[②]

（1）涉及违约债券交易的相关规定。《中国人民银行法》第四条、第三十二条规定了中国人民银行对银行间债券市场的监督管理职责，但对于违约债券交易这类具体问题并未涉及，也未作出任何禁止性规定。对于违约债券的交易限制性规则主要体现在《中国人民银行公告〔2015〕第9号》（简称9号公告）中。9号公告第十五条列举了债券交易流通终止的情形，包括发行人提前全额赎回债券；发行人依法解散、被责令关闭或者被宣布破产；债券到期日前一个工作日；其他导致债权债务关系灭失的情形。因此，银行间市场对于债券是否可以流通（交易）的判断标准主要有两个：一是债券是否到期，包括提前赎回；二是发行人主体及债权债务关系是否灭失。虽然9号公告并未将债券违约作为其终止流通的情形，但在客观上却依然限制了违约债券的交易。主要原因是9号公告硬性规定了债券在到期日前一个工作日应终止流通，而事实上，债券违约（特别是本金违约）必然发生在到期日（兑付日）后。如此规定的原因可能是监管机构在制定规则时未对债券违约情形有更周全的考虑。

---

① 相关资产证券化的案例也反映了这些问题。如2018年山东证监局就对邹平电力集团的资产证券化项目开出了处罚意见。该公司作为邹平电力ABS原始权益人，存在向国信证券股份有限公司等中介机构提供虚假材料、未及时将重大事项书面告知国信证券股份有限公司、未按约定归集基础资产现金流等问题。同时，山东证监局也对该资产证券化计划的管理人国信证券、北京奋迅律师事务所、山东和信会计师事务所以及中诚信证券评估有限公司开出了罚单。

② 关于建立违约债券交易机制的内容主要参考了李曙光．破除违约债券交易障碍　探索建立合理交易机制 [N]．证券时报，2018－04－27（A14）．

总体而言，违约债券交易问题在法律层面不存在禁止性规定。只要相关监管部门对部门规章和规范性文件中的限制性规定予以修订，即可扫清阻碍交易的制度障碍；同时在自律规则层面加强交易环节的投资者适当性安排、信息披露等配套制度设计，以满足违约债券交易的规范化要求。

（2）建立违约债券交易机制须考虑的因素。建立违约债券交易机制应立足于债券违约风险处置的实际情况，并满足投资者对交易安全、效率及公平性等方面的需求。因此应当重点考虑可交易违约债券品种、合格投资者准入、交易方式、交易场所、担保制度、登记托管、信息披露、投资者保护等重点内容，保证既有灵活高效的交易秩序，又不会发生风险传递或外溢。

一是探索建立违约债券的交易板块或平台，并逐步形成跨市场交易，构建多层次债券市场。违约债券在风险特征、投资者保护机制上与非违约债券有较大差异，为此应探索建立一个单独的违约债券交易市场或板块。并且，对于违约公司信用类债券而言，即使在违约前的发行条件、交易场所、交易机制有所不同，但在发生违约后，其法律性质、风险特征和处置进路都趋于统一，相关金融市场基础设施之间也正在进行互联互通，这些都为在银行间债券市场和交易所债券市场之间形成违约债券的跨市场交易创造了条件。

二是要充分考虑违约债券的"非标准化"产品属性，健全交易机制。违约债券属于不良债权，兑付期限、逾期利率等交易要素不明，同时还具有交易频率低、交易本身可能附加个性化条款、公允价值较难确定等特征，难以按非违约债券的交易模式进行交易。为建立健全违约债券的交易秩序，相关交易机制除了提供价格发现服务外，还应该提供多样化的交易撮合方式，如拍卖、询价、集中撮合等，以满足投资者对违约债券交易的不同需求，提高交易效率。

三是完善登记托管清算机制，降低操作风险。良好的交易托管平台、科学的清算结算机制以及高效的清算结算系统可以提高违约债券交易的效率和安全性，降低交易的道德风险和操作风险。同时，在违约债券交易的过程中，必然伴随着债务重组、诉讼仲裁甚至破产重整等处置程序，客观上加大了登记托管和清算结算的难度，需要相关基础设施平台增强应对能力，提高灵活性，以满足交易需求。

四是设置合理的投资者适当性标准。鉴于债券违约存在不同的违约情形，如利息违约、本金违约、回售违约、条款违约等，为保护投资者利益，有必要对可交易的债券和投资者类型设定一定的准入标准。考虑到违约债券属于高收益、高风险类债券，客观上要求交易主体的风险识别能力和风险承受能力更强，因此应进一步提高投资者的适当性标准，并鼓励境内外专门从事不良资产处置的机构参与。

五是有效对接投资者保护的配套制度，确保违约债券交易市场稳健发展。违约债券的投资者对各类市场信息更为敏感，对于债券交易价格具有重大影响的事项，如发行人偿债资金落实情况、资产受限及处置情况、债务重组及诉讼破产情况等，投资者都需要及时了解并作出相应的交易决策。因此，违约债券市场应对接并落实相关信息披露、债券持有人会议、债券受托管理人等制度体系，并根据违约债券交易市场的需求而不断完善，切实保障违约债券投资者的合法权益和交易市场健康发展。

4. 开展新形势下的债转股试点

债转股是以债务人之出资人权益"抵偿"债权的法律现象，被作为降低债务人负债率的最为直接和有效的手段。在破产程序中，通过破产重整，债权人放弃原有到期收回本息的权利，并同时放弃对原有债权担保的追索权，转化为对债务人的股权投资，从而有效促成破产重整成功，具有降杠杆的客观功效。[①] 在 2016 年全国"两会"以及博鳌亚洲论坛年会上，李克强总理两次提出要通过市场化债转股的方式，探索逐步降低企业的杠杆率。债转股又重新出现，但与 20 世纪 90 年代末的债转股有着明显的背景差异。新形势下的债转股是持续推进供给侧改革，做好"三去一降一补"工作的重要决策部署，有利于切实降低发行人杠杆率，有效防范化解系统性风险。债转股的企业选取、市场化与之后的退出机制也成为社会关注的几大焦点问题。不过，受近期金融监管总体收紧、配套政策出台慢、市场资金水平上升等因素影响，债转股领域的新老问题叠加，增加了试点的复杂度和难度。

建议在依法合规的基础上，先以优先股方式进行市场化的债转股试点。初期，可以探索开展非上市非公众股份公司的债转优先股实践；同时建议依靠专业机构开展债转股试点，这不仅有利于发挥实施机构的能动性和专业性，有利于科学治理债务人，而且可借助专业机构探索有利于投资者权益保障的各类举措。在专业机构积累了一定经验后，通过深耕细作市场化债转股流程和规则，促进完善税收政策、监管要求、退出渠道等配套政策，最后择机推广完善，发展成为常态化的债券违约处置机制之一。

（六）加大投资者保护的其他制度和机制供给

2011 年《二十国集团金融消费者保护高级原则》指出强化金融消费者（该概念与投资者类似）保护须与金融制度和金融教育政策紧密结合。为此，需要落实包括法律充分确认、监管机构拥有充足的权力和资源、消费者可以被公平对待、信息被合适披露、金融教育得到改善、金融服务机构和授权代理机构具有责任意识、消费者的财产和信息可以免受欺诈和滥用、具有竞争性的市场结构及合适的投诉处理

---

① 参见邹海林. 供给侧结构性改革与破产重整制度的适用［J］. 法律适用，2017（3）.

和救济机制等原则。参照这些国际原则，在尊重监管者和自律组织职能的基础上，银行间债券市场也应充分发挥各类机构和组织在促进投资者保护方面的合力功能，发掘出更多的保护渠道和措施，具体包括但不限于以下内容。

一是要健全投资者适当性制度，正确处理契约自由与契约正义的关系，特别是在银行间债券市场日益开放，且与交易所债券市场等其他市场加深互联互通之时。金融市场上的信息不对称加上投资者自身的知识和能力局限，使得投资者在参与金融交易时或接受相关服务时往往无法真正理解其中的风险和收益，其主要依赖金融中介和金融服务提供者的推介和说明。一般情况下交易双方缔约能力处于不对等地位。因此，必须依法确定卖方机构"适当性"义务，确保投资者在充分了解投资标的及其风险的基础上作出自主决定，实现契约正义。在卖方机构已履行了"适当性"义务的情况下，则应由投资者自负投资风险。

二是重视常态化的投资者教育机制，并根据特殊群体的知识结构进行针对性教育。如国际投资者欠缺对我国资本市场相关制度的了解，就要增加这方面的相关宣传；通过机构投资者参与银行间债券市场业务的其他投资者也需要了解机构间市场的有关业务知识和责、权、利关系。为此，可以通过发布典型案例、普及金融知识等方式引导投资者提升金融素养，依法维权，推动各类市场机构诚信经营。

三是鼓励各类投资者保护和社会组织积极参与投资者保护制度的讨论和拟定，实施社会监督，充分发挥社会合力。充分发挥新闻媒体和相关社会组织作用，通过社会力量发现失信失职行为，鼓励诚实守信、勤勉尽责行为，倡议促进投资者保护的各类举措和机制。

四是加强投资者保护的理论研究与实践探索，形成良性互动。需要把防范化解金融风险、服务实体经济与投资者保护工作更好结合起来，深入研究投资者保护与系统性风险防范之间的关系，把握好各项投资者保护举措的力度和节奏，协调好各项政策和制度出台时机，研究各类体制和机制的协同效应。

五是不断推动完善相关立法司法和自律实践，重视立法的及时性和司法程序的可预期性，鼓励形成多元化的纠纷解决机制等。目前最高人民法院已与中国保监会（现为中国银保监会）、中国证监会分别建立了诉讼与调解的对接机制①，但尚未与中国人民银行建立类似机制。这意味着在银行间债券市场尚无专门的债券纠纷诉讼与调解对接机制。尽管上海市高级人民法院和中国人民银行上海分行在 2015 年曾

---

① 参见 2016 年最高人民法院与中国保监会联合发布的《关于全面推进保险纠纷诉讼与调解对接机制建设的意见》，最高人民法院与中国证监会联合发布的《关于在全国部分地区开展证券期货纠纷多元化解机制试点工作的通知》。

联合签署《关于建立金融消费纠纷诉调对接工作机制的会议纪要》，决定在上海市建立金融消费纠纷诉调对接机制，但尚未推广至整个银行间债券市场。建议充分发挥目前行业调解的优势，整合司法机构、监管部门、行业组织以及社会各方面力量，在银行间债券市场及时建立覆盖全市场、丰富且多元化的纠纷解决机制。

四、结论

前述 IOSCO 的《新兴市场机构投资者的发展与监管》报告特别强调了法律对投资者权益保护的重要性，指出合理的交易费用、灵活的交易和风险对冲机制、减少不合理的金融产品行政许可流程以及为外国投资者提供公平的市场环境等都是重要的机构投资者监管内容，并建议新兴市场的监管机构定期评估监管框架、监管范围，有效结合放松管制与增强监管，加强监管协调以便更好监测、防范和管理系统性风险。我国银行间债券市场成立之初即定位为机构投资者市场，在放松管制、开放市场、创新管理、服务实体经济等方面取得了有目共睹的巨大成绩，但因其强调投资者自我保护，未将投资者保护作为市场发展的基础目标，故尚未形成与其市场地位相适应的投资者保护规范体系。

为深化供给侧改革，更好防范和处置债券违约等风险事件，保护日益丰富和多元化的投资者群体，本报告建议从以下六个方面完善银行间债券市场的相关制度和机制：一是在源头上建立健全发行人债务风险防控机制，控制整体债务杠杆率；二是持续完善中介制度，构建勤勉尽责的法律义务框架；三是扩大并强化自律规则的覆盖面和约束力；四是借鉴国内外相关立法经验，健全并完善投资者保护的基础法律制度；五是不断丰富违约风险管理的工具和手段；六是加强投资者保护的其他制度和机制供给。

投资者保护是现代金融治理的重要内容，也是一个综合性的系统工程，涉及法律保护、监管保护、自律保护、市场保护、自我保护等诸多方面，并且这些方面彼此牵连、相互影响。因此，完善投资者保护体系并不是简单地制定或修订某个法律或制度完事，也不是保证投资者不用承担投资风险，而是一个不断调整各方利益、维护市场纪律和增强投资者信心的规范化、体系化实践过程。即使在已经发展得相当成熟的美欧资本市场，其投资者保护的法律制度依然在不断更新强化中，以满足不断增长和变化的投资者需求，保障资本市场更为稳健发展。风物长宜放眼量，投资者保护永远在路上。

参考文献

[1] 陈洁，张彬. 我国债券受托管理人制度的构建与选择 [J]. 证券法苑，2016 (1).

〔2〕段丙华. 美国债券违约风险化解路径及启示：基于市场演进〔J〕. 证券法苑, 2016 (1).

〔3〕冯果. 债券的证券本质与债券市场法制化——《证券法》修订背景下的债券法律体系重构与完善〔J〕. 证券法苑, 2016 (1).

〔4〕高国华. 互联互通：债券市场谋定发展方向和路径〔N〕. 金融时报, 2014 – 05 – 16 (007).

〔5〕高宇. 信用衍生品在我国的发展现状及建议〔J〕. 国际金融, 2016 (6).

〔6〕胡滨. 中国金融监管报告 2018〔R〕. 北京：社会科学文献出版社, 2018.

〔7〕ICMA. The Asia – Pacific Cross – Border Corporate Bond Secondary Market：A report on the state and evolution of the market〔EB/OL〕. ICMA 官网,〔2018 – 10 – 01〕. https：//www. icmagroup. org/ News/news – in – brief/icma – publishes – report – on – the – asia – pacific – cross – border – corporate – bond – secondary – market/.

〔8〕IOSCO. Development and Regulation of Institutional Investors in Emerging Markets〔EB/OL〕. IOSCO 官网,〔2018 – 05 – 01〕. http：//www. iosco. org/library/pubdocs/pdf/IOSCOPD384. pdf.

〔9〕纪志宏. 债券市场的机制建设〔J〕. 中国金融, 2017 (1).

〔10〕姜超, 朱征星, 杜佳. 货币潮退, 违约潮起！——简析近期信用违约潮〔EB/OL〕. 搜狐网,〔2018 – 07 – 19〕. http：//www. sohu. com/a/231609319 _ 460356.

〔11〕蒋梦莹. 标普：下半年中国面临"实际到期"债券猛增的局面〔EB/OL〕. 搜狐网,〔2018 – 08 – 30〕. http：//www. sohu. com/a/243375902 _ 260616.

〔12〕交易商协会. 关于 2017 年度非金融企业债务融资工具市场自律处分有关情况的通报〔EB/OL〕. 交易商协会网站,〔2018 – 08 – 15〕. http：//www. nafmii. org. cn/xhdt/201802/t20180205 _ 67485. html.

〔13〕交易商协会. 债务融资市场自律管理情况〔EB/OL〕. 交易商协会网站,〔2018 – 08 – 13〕. http：//www. nafmii. org. cn/zlgl/zwrz/zlcf/.

〔14〕李曙光. 破除违约债券交易障碍 探索建立合理交易机制〔N〕. 证券时报, 2018 – 04 – 27 (A14).

〔15〕李曙光, 刘欣东. 健全违约债券交易制度 促进违约风险处置〔N〕. 中国证券报, 2018 – 04 – 10 (A12).

〔16〕李晓钟. 审计债市：债券市场审计监管理论与实务〔M〕. 北京：中信出版社, 2014.

〔17〕林婷婷. 券商 ABS 业务大洗牌〔N〕. 中国证券报, 2018 – 08 – 28.

〔18〕Leslie Maasdorp. 中国债券市场——机遇与挑战〔J〕. 债券, 2017 (8).

〔19〕沈伟. 让金融基础设施原则在支付领域更广泛应用〔EB/OL〕. 新浪财经,〔2018 – 01 – 30〕. http：//finance. sina. com. cn/money/bank/bank _ hydt/20160516/104424700781. shtml.

〔20〕谢多. 开创银行间市场自律管理新格局〔J〕. 中国金融, 2018 (20).

〔21〕谢多. 银行间市场综合知识读本〔M〕. 北京：中国金融出版社, 2014.

〔22〕徐韬峰, 魏国俊, 段自勉. 银行间债券市场发行虚假陈述中承销商民事法律责任研究〔EB/OL〕. 中伦律师事务所网站,〔2018 – 09 – 04〕. http：//www. zhonglun. com/content/2018/08 – 07/2318134250. html.

〔23〕徐韬峰, 魏国俊, 潘巍. 浅谈银行间债券市场债券违约维权〔EB/OL〕. 中伦律师事务所

网站，［2018 - 09 - 04］. http：//www. zhonglun. com/content/2018/07 - 26/1109504852. html.

［24］王辉. 金鹏辉：中国绿色债券规模已达 4 953 亿元位居全球第一［EB/OL］. 中证网，［2018 - 09 - 13］. http：//www. cs. com. cn/sylm/jsbd/201809/t20180912 _ 5872153. html.

［25］王雪青. 徐明：应尽快制定《资本市场投资者保护条例》［EB/OL］.［2018 - 09 - 29］. http：//news. cnstock. com/news，bwkx - 201809 - 4277538. htm？from = timeline&isappinstalled = 0.

［26］王玉玲，詹晨. 2017 年债券违约共计 49 起　发债人以民企为主［N］. 证券时报，2018 - 01 - 09（A06）.

［27］尉奕阳. 潘功胜：将尽快推出到期违约债券交易机制［EB/OL］. 财新网，［2018 - 07 - 06］. http：//finance. caixin. com/2018 - 07 - 03/101290504. html.

［28］杨毅. 银行间债市自律管理全面持续从严［N］. 金融时报，2018 - 03 - 22（007）.

［29］张春. 银行业债权人委员会制度：理论基础、现实需求及优化路径［J］. 金融监管研究，2016（11）.

［30］张陆洋，齐想. 国际系统性金融风险防范模式的转变与启示［J］. 金融论坛，2018（7）.

［31］张启迪. 美国债券保险业：迟来的复苏？［J］. 金融市场研究，2017（10）.

［32］张暾. 从高质量发展和经济转型看现阶段信用风险［J］. 银行家，2018（9）.

［33］张欣培. 违约频发掀机构追溯潮　监管罚单对症中介失责［N］. 21 世纪经济报道，2018 - 09 - 13（15）.

［34］张自力，林力. 日本企业债券市场的结构特征及监管制度［J］. 证券市场导报，2013（8）.

［35］中国人民银行. 2017 年金融市场运行情况［R/OL］. 中国人民银行网站，［2018 - 03 - 02］. http：//www. pbc. gov. cn/jinrongshichangsi/147160/147171/147173/3470463/index. html.

［36］中国人民银行. 设立民营企业债券融资支持工具　毫不动摇支持民营经济发展［EB/OL］. 中国人民银行网站，［2018 - 10 - 22］. http：//www. pbc. gov. cn/goutongjiaoliu/113456/113469/3649346/index. html.

［37］中央结算公司统计监测部. 2017 年债券市场统计分析报告［J］. 债券，2018（1）.

［38］周俊杰. 从次贷危机后的诉讼案例看评级机构法律责任的演进［J］. 河海大学学报（哲学社会科学版），2011（3）.

［39］朱小川. 银行理财业务中的法律适用——从保护客户权益的角度［J］. 银行家，2014（7）.

［40］朱小川. 从保护客户权益的角度探讨证券公司与客户的资产管理纠纷及相关制度［C］//中国证券业协会. 创新与发展：中国证券业 2016 年论文集. 北京：中国财政经济出版社，2017.

［41］朱小川. 加强对金融市场基础设施的统筹监管［J］. 清华金融评论，2018（4）.

［42］邹海林. 供给侧结构性改革与破产重整制度的适用［J］. 法律适用，2017（3）.

主题报告二

金融消费者隐私保护法律问题研究

——国际经验与中国道路

执笔人：史广龙

【内容摘要】近年来，金融消费者隐私权受侵害事件频发，相关个人信息、账户隐私、财产隐私、交易隐私等倒卖活动猖獗，为电信诈骗等犯罪行为的滋生和蔓延提供了温床。为了解决上述问题，国家先后出台了多部相关法律和司法解释，但是金融消费者隐私保护的现状仍不乐观。本报告拟结合欧美在金融隐私和个人金融信息领域[①]的立法实践，探讨中国金融消费者隐私保护的法律路径。

【关键词】金融消费者隐私保护；个人金融信息；法律保护路径

一、不容回避：中国金融消费者隐私保护制度的现实问题

（一）中国金融消费者隐私保护的制度体系

1. 法律层面的隐私保护：以个人信息保护为核心

中国金融消费者隐私保护缺乏系统的立法支持。涉及金融消费者隐私权保护的法律规则散见于相关法律之中，包括《宪法》《民法总则》《刑法》《网络安全法》《消费者权益保护法》《商业银行法》等在内的相关法律，都或多或少涉及金融消费者隐私保护的相关法律问题。但是，囿于当时的立法环境以及各部法律不同的价值取向与调整社会关系的重点，这些立法都未对金融消费者隐私保护问题进行系统的回应。

（1）宪法层面。《宪法》第 38 条规定了人格尊严不受侵犯、第 40 条规定了通信自由和通信秘密受法律保护，但是都并未直接将公民的隐私保护上升为一项基本

---

① 金融隐私属于个人金融信息的范畴，金融隐私保护实际上是金融领域个人信息保护。在理解上，两者基本等同，本文对此不做区分。

权利。（2）民法层面。在民法领域，《民法总则》第 111 条规定，自然人的个人信息受法律保护，将个人隐私纳入了《民法总则》保护的范围。此外，《侵权责任法》第 6 条确定的过错责任一般条款同样可以适用于加害人存在过错情况下侵害个人隐私的情形。网络领域侵犯个人信息权利的行为适用于《侵权责任法》第 36 条。尽管如此，这些法律规定的适用范围仍然相对宽泛，民事法律并未对侵犯个人金融隐私的情况作出特别规定。（3）刑法层面。《刑法》对个人信息的保护主要体现在《刑法修正案（七）》（新增出售、非法提供公民个人信息罪）和《刑法修正案（九）》（进一步整合非法获取公民个人信息罪，提炼出了侵犯公民个人信息罪）之中，主要目的是借助于公权力打击各种侵犯公民个人信息的违法犯罪行为，但并未对侵犯金融隐私方面的具体定罪量刑标准予以规定。（4）网安法层面。《网络安全法》从不同角度规定了个人信息处理方面的基本原则，确定了个人信息保护的基本法律框架，未对金融隐私保护作出特别规定。（5）消保法层面。《消费者权益保护法》第 29 条新增了个人信息保护的规定，是对消费者隐私权保护的一般性规定。整体而言，法律层面的隐私保护各有侧重，但是基本上围绕个人信息保护问题展开。真正意义上可以视为金融隐私保护的特别规定仅见于《商业银行法》有关银行对客户信息进行保密的内容。

2. 司法解释的隐私保护：以解决法律纠纷为导向

长期以来，由于基本法的缺失，个人信息保护领域的法律纠纷一直缺乏有效的法律解决方案。随着近年来相关法律纠纷针对个人信息保护问题作出规定，金融隐私法律纠纷问题开始有了法律层面的依据。但是，相关法律条文往往比较抽象，导致司法实践中法官缺乏明确的指引，容易导致法律适用过程中相同或者类似的案件，在不同地区的审判结果存在很大差异，影响法律适用的统一性和审判结果的可预见性。

为此，最高人民法院在 2014 年颁布的《关于审理利用信息网络侵害人身权益民事纠纷案件适用法律若干问题的规定》中将名誉权和隐私权纳入具体的法律保护的视野。尽管上述司法解释主要适用于信息网络领域的名誉权和隐私权保护，但是考虑到相关法律纠纷大量存在，在解决司法领域实际问题方面发挥了重要作用。相对于民事侵权领域个人隐私和名誉权保护法律制度逐步完善，比较有效地涵盖了金融隐私方面，《刑法》对于个人信息保护就显得比较滞后了。在《刑法修正案（九）》将"出售、非法提供公民个人信息罪"和"非法获取公民个人信息罪"整合为"侵犯公民个人信息罪"，并作出相对明确的规定之后，《关于办理侵犯公民个人信息刑事案件适用法律若干问题的解释》才由最高人民法院和最高人民检察院联合颁布实施。该司法解释将财产状况作为公民个人信息的有机组成部分，并与能够单独或者与其他信息结合识别特定自然人身份或者反映特定自然人活动情况的各种其他信息一起构成侵犯公民个人信息罪保护的对象。

3. 规章层面的隐私保护：从金融消费者保护出发

2011 年人民银行作出了《关于银行业金融机构做好个人金融信息保护工作的通知》，该通知将个人金融信息界定为银行业金融机构在开展业务时，或通过接入中国人民银行征信系统、支付系统以及其他系统获取、加工和保存的个人身份信息、个人财产信息、个人账户信息、个人信用信息、个人金融交易信息、衍生信息和与个人建立客户关系过程中获取、保存的其他个人信息。同时，该通知确定了银行业金融机构个人金融信息的使用原则，以及禁止境外转移、禁止违规查询、泄露及时通报等具体要求。2012 年中国人民银行又在《关于银行业金融机构进一步做好客户个人金融信息保护工作的通知》中强调各类银行业金融机构应采取有效措施确保客户个人金融信息安全，防止信息泄露和滥用，从制度、技术、教育三方面齐抓共管，依法合规收集、保存、使用和对外提供个人金融信息，不得向任何单位和个人出售客户个人金融信息，不得违规对外提供客户个人金融信息。

相对而言，其他金融监管机构主要从消费者权益保护角度强调个人金融信息保护问题。例如，2013 年银监会出台的《银行业消费者权益保护工作指引》第 12 条，明确要求银行业金融机构应当尊重银行业消费者的个人金融信息安全权，采取有效措施加强对个人金融信息的保护，不得篡改、违法使用银行业消费者个人金融信息，不得在未经银行业消费者授权或同意的情况下向第三方提供个人金融信息。次年，保监会颁布了《关于加强保险消费者权益保护工作的意见》，规定保险公司要建立消费者信息保护制度，确保信息的采集、使用和保存符合法律规定或者征得消费者同意，确保业务系统记录的消费者信息资料真实完整有效。完善信息技术保障手段，防止消费者信息泄露，不得利用非法获取的消费者信息开展经营活动和获取不当利益，不得篡改消费者信息资料。加强对互联网消费者信息使用的管理。建立 电话号码屏蔽制度。

（二）中国金融消费者隐私保护的主要矛盾与冲突

1. 注重立法与忽略执法的矛盾与冲突

近年来，个人信息保护方面的立法开始进入井喷状态。相关法律大多从各自的价值取向出发，从不同角度对个人信息保护相关法律问题进行了规定。但是，整体而言，这些立法缺乏整体的规划，存在大量重复立法、交叉立法问题。对于个人信息保护的问题大多只做原则性规定，缺乏针对金融隐私保护等核心领域具体问题的直接回应。这直接导致在执法环节，普通民众既难以借助国家公权力直接解决金融领域隐私保护问题，也难以直接找到可资直接适用的基本法律。

《关于审理利用信息网络侵害人身权益民事纠纷案件适用法律若干问题的规定》
与《关于办理侵犯公民个人信息刑事案件适用法律若干问题的解释》从长期困扰民
法和刑法的个人隐私保护法律适用问题出发，厘定了互联网时代侵犯个人金融隐私
的民事救济机制，并对个人信息领域的刑事犯罪法律定罪量刑问题进行了详细规
定。但是，侵犯个人金融隐私的行为往往具有极强的隐蔽性，并且大多尚不构成刑
事犯罪。金融隐私权受侵害的个人主体对于侵权行为的危害性缺乏足够的感知，没有
足够的动力借助于民事权利救济途径维权，往往容易坐视不法行为的滋生与蔓延。

2. 国内保护与跨境流动的矛盾与冲突

互联网技术的普及推动了个人数据的收集、储存和处理。金融机构基于提供相
关服务的需要与监管部门实名制、适当性和"了解你的客户"等方面的具体要求，
能够轻易获得大量个人隐私数据。这些数据大多由数据主体基于申请相关金融服
务，自愿向金融机构提供，或者授权金融机构调取个人信用信息。在双方缔结合同
之后，产生的账户信息构成金融机构提供服务的基础。金融交易数据随着双方合作
的深入而不断增加。

传统上，金融机构大多在本国范围内提供服务。但是，资本的全球性扩张，特
别是国际金融机构国际化业务的崛起，促进了跨国交易网络的形成。这使得金融能
够借助于互联网技术，为海外客户提供丰富的金融产品与金融服务。例如，维萨和
万事达等国际卡组织早已走出美国，服务包括中国公民在内的全球范围内的个人客
户。伴随着中国金融市场的国际化进程，越来越多的国际金融机构将在中国利用母
国的信息基础设施开展业务，个人数据出境与入境将成为常态。传统的以保护本国
范围内个人信息权利为重点的金融隐私立法，必然面对金融全球化时代个人数据跨
境流动的考验。

3. 国家安全与隐私保护的矛盾与冲突

信息技术的发展推动了整个社会生活的数字化进程。大量与个人相关的隐私性
信息开始以各种方式存储于分散于各地的服务器之中。国家机关借助于公权力调取
和查阅个人金融信息变得越来越容易。各国相关国内立法一般将关涉公共利益的国
家安全置于比保护个人隐私更高的地位。在涉及国家安全等敏感性问题，国家公权
力机关一般都有非常充分的法律依据获取个人金融信息。

但是，国家安全并非在所有情况下都具有相对于个人隐私的优先性。当两者存
在冲突时，需要法律适用者，利用实体法与程序法既有的机制，在维护国家安全的
同时，尽可能多地保护个人金融隐私，防止公权力的滥用。

4. 产业发展与合规成本的矛盾与冲突

不可否认，通过系统性立法加强个人金融隐私保护具有强劲的现实需求。但

是，个人金融隐私的保护强度必然与金融机构的合规成本紧密相连。与其他领域相比，金融领域个人信息的真实性和准确性极高，并且与获取金融服务具有紧密的联系，一旦落入不法机构或者犯罪分子手中，极可能引发数据主体严重的财产损失。为此，不难理解，每年都会产生大量侵犯个人金融隐私的案件。

与此同时，也应该看到，金融服务与信用机制紧密相连，金融机构具有维护自身信用的天然需求。为此，即便金融机构掌握了大量个人金融隐私，多数机构都会主动采取各种措施防止信息泄露，以免影响金融消费者对金融机构的信心。这是金融服务业区别于其他产业的重要方面。有鉴于此，立法者需要充分评估实际的个人金融隐私泄露风险，审慎考虑这一领域的合规成本，充分借鉴国际经验，实现隐私保护与合规经营的动态平衡。

二、美国经验：专门立法下的金融消费者隐私保护

（一）公平信用报告法

1.《公平信用报告法》（*Fair Credit Reporting Act*）的制度理念基础

美国是全球性卡组织的诞生地，Visa、万事达、美国运通等卡组织在美国的崛起，极大地推动了信用卡在美国的普及，美国消费者具有超前消费的习惯。除了零售消费品之外，美国民众在房屋、汽车等方面的大额支出，也往往依赖于银行信贷。由于获取金融服务的渠道不同，普通消费者的信贷和信用记录往往散落在不同的机构之间，新的授信主体对消费者授信额度和利息进行评估的时候，迫切需要整合这些既有信息，以便进行综合评估。在美国这项服务主要由 Equifax、TransUnion 和 Experian 三家消费者征信机构提供。借此，授信主体可以通过直接获得消费者的信用报告，了解其信用情况，决定授信额度和利息高低。信用报告包括（个人）破产申请、司法判决、抵押、质押和支票账户信息等内容。在美国，信用报告不仅被银行和信用卡机构广泛使用，雇主、房东也常常将信用报告作为参考。

信用报告的使用方虽然在自己的行业领域相对于消费者而言具有优势地位，但是考虑到整合各类信息的难度，他们没有足够的力量勘验信用报告的真实性、准确性和完整性。即便使用方具有这样的可能性，从经济上考量也没有必要对于购买的信用报告再次进行深入调查。同时，提供信用评估服务的消费者征信机构服务的对象主要是各类机构，并不直接向消费者收费，在保证信用报告整体可信度的情况下，为了控制成本，没有动力逐个反复核查所有消费者征信报告的真实性、准确性和完整性。但是，一旦这些信用报告存在不利于消费者的错误，就可能对消费者获得信用贷款或者工作机会产生严重影响。

考虑到消费者个人力量有限，难以调动消费者征信机构核实与修正各种错误，

美国在20世纪70年代引入了《公平信用报告法》，并在2003年通过了《公平准确的信用交易法》（*Fair and Accurate Credit Transaction Act*），维护消费者的权利。美国国会在推动《公平信用报告法》及后续各修正案的过程中申明，银行系统依赖于公平与准确的信用报告，不准确的信用报告直接影响银行系统的效率，不公平的信用报告影响消费者对于有效运营的银行系统的信心。考虑到消费者征信机构对于消费者信用和其他信息的重要作用，有必要通过立法手段督促消费者征信机构公平、公正地履行职责，保护消费者的隐私权利。

2.《公平信用报告法》的适用范围

《公平信用报告法》适用于所有提供信用报告的消费者征信机构。根据该法定义，它是指有偿或者基于合作提供无偿服务的目的，全部或者部分地惯常从事收集和评估消费者信用或者其他信息，为第三方提供消费者报告的业务，并且相关手段和措施具有跨州特征的一切法律主体。这里所说的消费者信用报告是指消费者征信机构提供的书面、口头或者其他通讯形式的报告，用以或者期待被用于评估消费者信用状况、信用能力、特点、声誉、个人性格乃至生活方式等，以便决定是否应授信、提供保险或者就业岗位的报告。美国的司法判例进一步阐明，即便相关报告实际不涉及消费者，只要它包含的信息在消费者征信机构采集时，意图用于与消费者有关的目的，它就属于《公平信用报告法》的规制范围。

3.《公平信用报告法》的使用限制

（1）使用目的的限制。消费者征信机构只能在非常有限的范围内提供信用报告，主要包括以下几个方面：一是基于联邦大陪审团的需要，而由法院发出传票或者命令。二是获得与相关信息直接相关的消费者的授权。三是有理由相信将信息用于以下目的，包括①评估消费者的授信、展期或者回收信贷等行为；②用于雇佣员工的目的；③向消费者销售保险；④用于决策是否授予职业资格；⑤将信息用于由消费者发起的交易目的等。

（2）信息内容的限制。消费者征信机构出具的信用报告不得包含以下信息：一是超过十年的破产记录；二是超过七年的诉讼或者裁判记录；三是超过七年的逮捕、起诉或者认罪记录。但是，如果信用报告用于评估超过15万美元的授信，销售超过15万美元的保险，或者雇佣年薪超过75 000美元的员工，则不受上述信息内容的限制。

（3）深度调查的限制。对消费者信用状况进行深度调查涉及消费者信用调查报告，具体是指消费者特点、名誉、个性、生活方式等报告内容基于与消费者个人、邻居、朋友、同事进行访谈而形成。《公平信用报告法》同时规定，消费者征信机构不得进行深度调查，除非该机构明确向消费者披露对消费者特点、名誉、个性、生活方式等进行调查。消费者有权利了解深度调查的性质和范围。同时，如果深度调查涉及不利于消费者的负面信息，则消费者征信机构应采取有效措施从独立的并且直接了解相关信息的渠道核实相关信息，并且应该确保访谈的个人是了解相关信息最合适的渠道。

4. 消费者的权利与机构的义务

（1）消费者征信机构有义务采取合理措施，最大可能地提高所收集信息的准确性。消费者征信机构应消费者的要求，应该披露消费者发出请求时所有相关信息，但是不包括对消费者进行打分（信用分、风险分）的相关信息（包括相关模型和参数的设定）、相关信息的来源、曾经获取这些信息的主体及其名称和联系地址的信息（雇主信息保存两年，其他主体保存一年）等。

（2）为了保证消费者及时维权，消费者征信机构应提供免费电话，以便消费者征询相关信息和维权。如果消费者认为征信机构提供的信用报告中包含完整性和准确性方面存在争议的内容，并且直接或者间接通知了消费者征信机构，该机构有义务无偿对争议进行调查，以便确定是否在准确性方面存在争议，并对有关争议进行记录，或者删除相关有争议的内容。

（3）如果消费者征信机构发现相关信息在完整性和准确性方面存在问题，应在完成调查之后的五个工作日内向消费者书面报告调查结果，并删除或者修正不准确的信息。日期的起算点是消费者征信机构直接或者间接收到消费者争议通知的时点。消费者征信机构有义务采取有效措施避免错误信息再次出现在信用报告中。

5. 金融消费者的救济渠道

（1）法律救济。任何法律主体故意违反《公平信用报告法》相关法律规定，应赔偿因此给消费者造成的实际损失，或者承担 100 美元至 1 000 美元的法定赔偿金。除此之外，侵权主体还应承担法院判决的惩罚性赔偿责任，如果胜诉的话应该赔偿消费者支付的并且法院认为合理的律师费与相关费用。结合相关司法判例，这里所谓的"故意"是指法律主体有意地不尊重消费者权益而实施某种行为[①]。任何法律主体过失违反《公平信用报告法》相关法律规定，应赔偿因此而给消费者造成的实际损失，如果胜诉的话应该赔偿消费者支付的并且法院认为合理的律师费与相关费用。

（2）责任限制。消费者征信机制建立在金融机构和其他商事主体不断向消费者征信机构提供信息的基础之上。但是，根据美国各州的法律，无论是金融机构还是商事主体，如果其向消费者征信机构提供的消费者的信贷和其他信息发生错误，将

---

① Safeco Insurance Co. v. Burr, 551 U. S. 47 (2007)。

可能影响消费者信用分数，影响消费者获得相应的金融服务，从而造成消费者损失，并因此而承担侵权责任。即便这些机构向消费者征信机构提供真实和准确的信息，也可能构成对消费者隐私权的侵犯。为了解决上述问题，《公平信用报告法》免除了消费者征信机构和信息提供方在这些方面的责任。质言之，除了上面提到的消费者救济途径之外，消费者不得以诽谤、侵犯隐私或者信用报告包含错误信息而向消费者征信机构、信息的提供者、信息的使用者提起诉讼，除非这些法律主体恶意或者故意侵害消费者权益。质言之，消费者只能基于美国各州的法律，以这些主体恶意或者故意侵害其权益而提起诉讼。

（二）《金融服务现代化法》

1.《金融服务现代化法》（Gramm – Leach – Bliley Act）的制度理念基础

1999年，美国国会通过了《金融服务现代化法》。该法修正了1933年大萧条时期颁布的《格拉斯—斯蒂格尔法》（Glass – Steagall Act）中有关限制金融控股公司的内容，开始允许各类金融机构通过组建金融控股公司从而为消费者提供一站式的各类金融服务。在金融控股公司的框架内，不同类型的关联金融机构若要相互协作，为客户提供综合性的金融解决方案，就必然触及与金融信息的分享和使用相关的消费者隐私保护问题。为此，《金融服务现代化法》专门规定，在控股公司下的关联金融机构之间，以及在不同金融机构之间，可以分享消费者的金融信息。但是，与此同时，该法也要求各监管部门基于其法定权力颁布适当的隐私保护规则。

2. 金融隐私信息的保护范围

《金融服务现代化法》并非保护一切个人金融信息，而是将通过公开渠道可以获得的个人金融信息排除在方案规制的范畴之外。消费者为获得金融产品或者金融服务而向金融机构提供的信息（包括姓名、住址、收入、社保账号或者申请表上的其他信息）、消费者进行金融交易过程中金融机构获得的信息（包括消费者为某金融机构的客户、账户号码、支付历史、账户收支情况、信用卡或者借记卡的消费记录等），以及金融机构获得的其他信息（包括法院的记录和消费者征信报告等），只要这些信息无法通过公开渠道获得并且能够具体到确定的个人，就属于《金融服务现代化法》能够涵盖到的范围。

3. 关联公司与非关联公司的信息共享规则

（1）关联公司之间的信息共享。《金融服务现代化法》允许关联公司之间共享消费者非公开的个人信息。这里所说的关联公司是指任何控制其他公司、被其他公司控制或者与其他公司共同被另一个公司控制的公司。上述规定，可以有效打破金融控股公司下各金融机构之间的信息孤岛，促进个人非公开信息在集团下相关金融机构之间有效流通，提升金融服务的水平。金融机构有义务告知消费者存在关联公司之间共享非公开信息的情况，具体操作上可以在隐私通知中加以规定。在这样的情况下，消费者没有权利禁止信息的共享。

金融机构向消费者发出的隐私通知应明确该机构如何收集、披露和保护消费者的非公开信息，具体应包括以下内容：一是信息收集的种类，例如申请获得金融服务表格上填写的信息或者消费者信用报告；二是信息披露的种类，例如申请表上的信息、姓名、住址、电话号码、社保账号等；三是涉及信息披露的关联方或者第三方金融机构的种类，包括各种金融机构，如担保机构、保险公司等，也包括非金融机构，如杂志社、零售商等；四是基于《公平信用报告法》披露信息；五是如何保护非公开信息的隐秘和安全。

（2）非关联公司之间的信息共享。金融机构可以将这些非公开的个人信息分享给与其不具有关联关系的金融机构，但是必须首先赋予消费者退出权。为此，金融机构首先应通过书面、电子或者监管部门允许的其他方式告知可能存在将非公开信息披露给第三方的可能；其次，在信息与第三方共享之前，消费者应该可以发出指令拒绝进行披露；最后，为了保障消费者能够切实行使上述权利，金融机构有义务告知消费者提供行使拒绝权的合适方式，并且给予消费者合理的期限。

但是，上述规定并不妨碍金融机构委托第三方以其名义或者以第三方自己的名义提供相关服务，包括第三方为金融机构提供市场营销，以及多个不具有关联关系的金融机构之间通过协议共同销售金融产品或者提供金融服务。在此情况下，金融机构应该向消费者如实披露信息，并要求与其合作的第三方金融机构做好保密。第三方金融机构不得自己或者通过自己的关联公司再将非公开的个人信息分享给其他法律主体。

同时，金融机构应该在隐私通知中明确存在联合营销的情况，向非关联第三方披露信息符合法律规定的情况，以及赋予消费者退出权的情况。即便如此，《金融服务现代化法》仍然规定，对消费者的账号、与账号类似的信用卡信息、存款账户、交易账户等信息给予特殊保护，禁止披露给第三方金融机构。

4.《金融服务现代化法》有关隐私保护的争议

（1）反对。金融业普遍认为，《金融服务现代化法》加强保护消费者隐私的措施，很难取得实际效果。金融机构结合业务模式，为满足相关合规要求，需要发出大量的隐私通知，为此承担了高额的成本。但是，从实际效果上看，消费者很少阅读这些隐私通知，从成本与收益的角度进行分析，《金融服务现代化法》并未解决多少实际问题。消费者组织认为《金融服务现代化法》对消费者隐私保护并不充分，由于相关退出机制往往在隐私通知的结尾才会出现，导致消费者实际上很少注意到这些规定。这实际上相当于剥夺了大量消费者的退出权。

（2）支持。乐观者认为，《金融服务现代化法》实际上有效地平衡了促进金融服务发展与加强消费者隐私保护之间的利益冲突。一方面，这些新的规定增强了金融机构在隐私保护方面的合规意识；另一方面，机构考虑到成本与收益，减少了对第三方非必要金融隐私信息的披露。同时，就法律位阶而言，各州有关金融隐私方面的立法优先于《金融服务现代化法》适用。这包含两个方面的含义：一方面，除非各州立法相关规定或者解释与《金融服务现代化法》存在冲突，各州的立法规定或者解释原则上不予改变。另一方面，如果各种立法为消费者提供了相对于《金融服务现代化法》更充分的隐私保护，则这些立法可以优先于《金融服务现代化法》而适用。这意味着，各州具有很大的回旋余地，可以结合相关情况决定在多大程度上和多大范围内保护金融消费者的隐私权。

（三）美国各州的消费者金融隐私立法

根据《金融服务现代化法》，消费者如果不想将个人信息分享给与金融机构不存在关联关系的第三方，则消费者可以根据金融机构提供的隐私通知，主动选择退出机制。这相当于法律原则上允许了金融机构基于特定事由，而向其他第三方分享消费者的个人金融信息，但消费者明确表达异议的除外。有观点认为，这种做法无形中增加了消费者的负担，应该将这一成本分摊给具有信息优势和经济能力的金融机构。基于此，美国加利福尼亚州、佛蒙特州等在消费者金融隐私方面的立法中规定，金融机构向非关联的企业分享消费者金融隐私，应该事先取得消费者的同意，否则不得向第三方披露上述信息。

三、权力制衡：美国金融隐私与国家安全的冲突与协调

（一）和平年代：美国公权力机构获取个人金融信息的法律规制

美国自 20 世纪 70 年代颁布《金融隐私权法》（*The Privacy Act*）作为典型的行政法律文件，规制联邦政府机关对其信息系统中所包含的个人信息数据的收集、处置、接受公民个人查询等方面的原则。

1. 《金融隐私权法》的立法动因

美国相当长一段时间不承认存在金融隐私权，银行没有义务通知客户个人金融信息被披露给了公权机关，银行客户无权挑战公权机关获取个人金融信息的行为。在美国政府诉米勒（United States v. Miller）一案中，美国联邦最高法院判定金融机构维护的金融信息记录属于金融机构所有，银行客户对其银行账户不具有法律上承认的隐私权，不能限制公权机关获取个人金融信息。上述判决相当于宣布有关账户的个人金融信息不属于受到宪法保护的隐私权范围。为解决上述问题，美国国会

于 1979 年通过了《金融隐私权法》，确立了公权机关获取个人金融信息的基本要求。

2. 《金融隐私权法》的调整范围

《金融隐私权法》的适用范围主要由以下四个核心概念确定的边界构成。一是客户（customer）。《金融隐私权法》所保护的金融机构客户涵盖了所有享受或者曾经享受金融机构服务的个人客户或者该个人客户的合法授权代表人。同时，客户的范围也涵盖了少于五个成员的合伙。超过上述成员数量的合伙、信托、协会、公司等不属于《金融隐私权法》保护的范围。二是公权机关（government authority）。《金融隐私权法》针对向联邦政府各部门及其雇员、管理人员或者代理人披露个人金融信息的行为。由此，美国各州的公权机关及其雇员、管理人员和代理人不属于《金融隐私权法》调整的范围。三是金融机构（financial institution）。《金融隐私权法》涵盖的金融机构包括银行类金融机构、发卡机构、信托公司、消费金融机构、货币服务商、美国邮政服务、证券期货机构、赌场等。四是金融信息（financial record）。金融信息是指任何记载并由金融机构保存的其与客户关系的信息原件、复印件或者从这些原始信息中提炼出的信息。在多诺文诉阿拉斯加国民银行（Donovan v. National Bank of Alaska）一案中，联邦地区法院进一步明确，不能确定到特定客户的金融记录，不属于本法调整的对象。此外，还包括监管机构为履行对金融机构的监管职责而获取个人金融信息、联邦法律授权公权机关获取个人金融信息、公权机关通过刑事或者民事诉讼规则获取个人金融信息、公权机关持有行政法院法官发出的传票获取个人金融信息、根据大陪审团程序（Grand Jury Proceedings）披露个人金融信息、针对内幕交易的刑事犯罪调取个人金融信息、美联储依职权进行的个人金融信息调查等情况。

3. 公权机关获取个人金融信息的一般程序

除非《金融隐私权法》另有规定，公权机关不得从金融机构取得客户的金融信息。即便公权机关通过下列方式依法取得个人信息，也应该向金融机构出具遵守《金融隐私权法》的书面证明，并由金融机构事先通知客户，从而保证其能够通过司法手段获得救济：

（1）获得客户的书面授权。客户同意披露其金融信息应向金融机构和意图获得该信息的公法机关出具包含下列五项内容的授权：一是授权披露期限不超过三个月；二是声明客户可以在信息披露至公权机构前撤回授权；三是明确授权披露的金融信息范围；四是明确披露的目的和披露的对象；五是申明客户基于《金融隐私权法》拥有的权利。

（2）持有行政机构的传票。公法机关通过行政机构发出传票的方式取得金融机构客户信息应确保有理由相信意欲获得的金融信息与合法的执法调查行为存在相关性。同时，行政机构的传票应该在其发送给金融机构之前或者同时发送给该金融机构的客户，并申明与该传票相关并且由金融机构保存的金融信息因特定目的而被要求提供给本公法机关，如果客户不同意披露，可以通过向相关法院提交动议的方式，申明本人该金融信息与正当的执法行为请求不相关，或者存在其他拒绝披露的法律基础。金融机构客户应向法院提交上述动议，并寄送给公法机关一份。随后做好上法庭陈述的准备。尽管客户可以聘请律师代理，但是法律并不要求客户必须通过律师表达动议。

（3）持有合法的搜查令。公权机关在根据《联邦刑事诉讼规则》（*Federal Rules of Criminal Procedure*）获得搜查令后，有权力获取客户的个人金融信息。公权机关不得晚于获得搜查令90日内通过邮寄方式将附有搜查令的书面通知发送给金融机构的客户，并申明"由搜查令所指向金融机构保存的相关交易记录或者信息已被本公权机关为实现［某］目的而在［某］日期获取。你可能享有《金融隐私权法》赋予的权利"。根据公权机关的申请，如果法院发现存在需要在法定期限外延迟通知的情形，可以批准暂不通知金融机构的客户，并禁止金融机构向其客户披露已向公权力机关披露信息或者收到搜查令，但是总期限不得超过公权机关获得搜查令后的180天。在上述延期结束后，附有搜查令的有关获取个人金融信息的书面通知应寄送给金融机构的客户。

（4）持有法院传票。如果法律赋予公权机关可以通过申请法院传票的方式获取个人金融信息，并且法院有理由认为获取上述信息与公权机关正当执法活动请求相关，在满足公法机关向金融机构发出法院传票之前或者同时向金融机构客户发出附有传票的书面通知后，公权机关才有权力获得个人金融信息。该书面通知应该申明"［某］公权机关为了［某］目的根据《金融隐私权法》正试图获取搜查令针对的金融机构保存的相关交易记录信息，如果你不希望这些信息被披露，则应该采取法律手段"。金融机构客户可以采取类似对抗行政机构传票的方式，自行或者聘请律师向法院提交反对向公权机关披露金融信息的动议，并上庭陈述理由。

（5）公权机构作出书面请求。如果公法机关没有权限通过发出行政传票的方式获取金融机构客户的个人金融信息的方式进行正当的执法查询，则该公法机关可以在满足其行政首长所颁布规则具有授权效力的前提条件下，通过发出书面请求，实现类似于通过行政机构传票获取个人金融信息的功能。类似地，行政机构的书面请求应该在其发送给金融机构之前或者同时发送给该金融机构的客户，并申明与该请求相关并且由金融机构保存的金融信息因特定目的而被要求提供给本公法机关，如果客户不同意披露，可以通过向相关法院提交动议的方式维护自身权益。

4. 公权机关获取个人金融信息的特殊程序

（1）联邦调查局的反间谍程序。《金融隐私权法》规定，授权进行反间谍工作或者国家安全工作的公权机关，为履行其职责而获取个人金融信息可以适用特殊程序。具体而言，此类公权机关应向金融机构提交由该部门最高行政长官授权的监管官员签署的书面证明。任何金融机构及其雇员、管理人员、代理人都不得向任何人透露此类公权机关试图或者已经取得了客户的个人金融信息。此类公权机关每年都要将其适用特殊程序的情况汇编成册。在实际操作中，美国联邦调查局（Federal Bureau of Investigation）局长（或者其指定的其他人）向金融机构提供的书面凭证指出获取个人金融信息是为了实现反间谍目的，并且具有具体的或者可描述性的事实让联邦调查局认为个人金融信息所针对的客户属于外国势力或者外国势力的代理人。联邦调查局只有在符合司法部部长（attorney general）批准的有关联邦调查局进行的外国情报收集和反间谍调查操作规程的情况下，才可以向与履行法定职责相关的美国政府的其他部门分享上述信息。美国司法部部长每半年要向参议院和众议院相关部门报告所有使用特殊程序的情况。

（2）紧急情况下的特殊程序。提早通知可能导致嫌疑人潜逃、危害证人、伪造证据或者危及他人人身或者财产安全，则公权机关可以直接取得金融机构的个人金融信息，但是应提交公权机关部门首长指定的紧急状态下负责人签发的权力证明。在取得个人金融信息之后的五天内，公权机关应向相关法院提交由部门首长指定紧急状态下负责人签发和宣示的声明，载明紧急获取个人金融信息的原因。随后，除非法院授权进一步延迟通知，否则应该尽可能快地履行对金融消费者的通知义务。公权机关应每年将其适用此特殊程序的情况汇编成册。

（二）反恐岁月：《爱国者法》下金融隐私让位于国家安全

"9·11"事件后，美国为应对国际恐怖主义活动的新趋势，时任美国总统布什于2001年10月26日签署通过了《以提供截获和阻止恐怖主义所需的合理手段团结强国法》（*Uniting and Strengthening America by Providing Appropriate Tools Required to Intercept and Obstruct Terrorism Act of* 2001），简称《爱国者法》（*Patriot Act*）。该法确立了公权机关通过金融犯罪执法网络（financial crimes enforcement network，FinCEN）从金融机构取得其客户个人金融信息，打击恐怖融资和洗钱活动的新途径。

1. 基本要求

根据《爱国者法》第314（a）条，美国财政部应该在该法实施后的120天内建立公权机关和金融机构之间的信息共享机制。财政部最终建立了以金融犯罪执法网络为核心的信息共享体系，使得联邦执法机关可以通过这一中间性机构，要求金融机构上报特定的个人、企业或者组织（1）当前在该金融机构是否拥有账户；或者（2）在之前12个月内在该金融机构是否拥有账户；或者（3）在之前的6个月内是否通过该金融机构进行过交易或者资金转账。这实际上相当于在《金融隐私权法》确立的操作规程之外，另行建立起一套涉及反恐怖融资与反洗钱的公权部门通过金融机构获取客户信息的制度。

《爱国者法》虽然确立了金融机构应公法部门反恐怖主义的需要，如果确实存在特定情形，应立即向其披露个人的姓名、银行账号、社保账号、生日，或者类似能够确定个人身份的信息。但是，金融机构仍然有权利自主决定是否为该客户开立、关闭、维护特定账户或者辅助完成特定交易。金融犯罪执法网络自己也承认，个人或者机构被列入公法机关获取的涉嫌恐怖活动的个人金融信息查询对象，无论如何在该阶段也仅仅是"涉嫌"而已，并不排除之后洗清嫌疑、终止调查或者被宣告无罪的可能。

2. 信息交换的范围

基于《爱国者法》确立的金融机构根据公权机关要求，向其披露个人金融信息的对象涵盖了所有《银行保密法》（*Bank Secrecy Act*）定义的金融机构类型，包括商业银行、信托公司、私人银行家、位于美国的外国银行分支机构、信用合作社（credit union）、证券期货经纪人、投资银行或投资银行家、货币兑换处、信用卡网络经营者（operator of a credit card system）、保险公司、贵重金属或珠宝的交易商、贷款公司、旅行社、货币支付商（money transmitter）、电信公司、美国邮政服务、赌场，或者美国财政部认定其货币交易对刑事、税务、监管具有重要性的其他业务。尽管上述定义涉及面十分宽泛，但是实际操作过程中，金融犯罪执法网络主要针对《银行保密法》规定的具有可疑活动报告义务的那些金融机构。此外，"账户"和"交易"两个核心概念的涵盖范围也十分有限。"账户"是指业已建立起来的涉及惯常性服务或者金融交易的正式银行或者商务关系，例如活期存款、储蓄存款或者其他财产账户、信用账户等。类似地，"交易"是指通常与银行、信用合作社、证券期货经纪商相关的活动。

3. 程序流程

（1）联邦执法机构向金融犯罪执法网络发出请求。只有联邦层面的执法机构才能基于《爱国者法》第314（a）条与金融机构进行个人信息交换。此外，联邦执法机构无权擅自从金融机构获取信息，金融犯罪执法网络是联邦执法机构对接的唯一渠道。《爱国者法》第314（a）条旨在借助金融机构的配合为反恐、反洗钱提供引导性信息，并不是在《金融隐私权法》规定的传票、搜查令等途径之外，确立其他的替代性手段。如果联邦执法机构意图从金融机构获取具体的文件，则应遵循其为获取该文件所采取的法律手段的具体程序要求。

　　联邦执法机构在调查恐怖主义或者洗钱活动过程中，如果需要金融机构提供信息配合，应请求金融犯罪执法网络，以联邦执法机构的名义，从某特定金融机构或者某些金融机构处获得信息反馈。这些请求是由各联邦执法机构分别发起，但是最终由金融犯罪执法网络向金融机构做出。在《爱国者法》确定的联邦执法机构与金融机构之间的信息交换渠道中，金融犯罪执法网络在其中发挥着类似信息交流清算机构的作用。

　　为了提高金融信息交换的安全与效率，金融犯罪执法网络通过建立安全信息交换系统（secure information sharing system）向金融就提供联邦执法机构的最新请求。金融机构的指定联系人可以通过系统及时了解最新的信息。

　　（2）金融犯罪执法网络具有一定的过滤功能。联邦执法机构能够通过金融犯罪执法网络向金融机构获取的信息仅限于与调查恐怖主义和洗钱相关的范围。发出请求的联邦执法机构要向金融犯罪执法网络提供书面证明，说明其有可靠证据或者基于可靠证据有合理理由怀疑，以及其意欲获取信息的个体或者机构从事恐怖主义或者洗钱活动。此外，联邦执法机构提供的材料中，应包括能够具体化到某个具体个人或者组织的信息（例如生日、住址、社会保险账号），从而让金融机构能够从大量类似信息中进行必要的筛选和摘除。

　　为了保证权力的正当使用，防止被滥用，联邦执法机构在向金融犯罪执法网络提交请求前应该确保其已经进行了充分的调查。金融犯罪执法网络应要求联邦执法机构提供书面材料证明案件的规模和影响、相关犯罪的严重性、案件对于执法机构的重要性，以及其他能够证明案件重要性的事实。

　　对于涉及的洗钱案件，联邦执法机构必须向金融犯罪执法网络证明已经穷尽了所有传统的调查手段，或者无法使用这些传统调查手段。为此，联邦执法机构应向金融犯罪执法网络提供证明材料。

　　金融犯罪执法网络判断联邦执法机构是否提供了充足的证明，并据此决定是否予以批准并将相应请求转交给金融机构。由此，金融机构就不必考虑联邦执法机构是否有权向其要求披露客户的金融信息。

　　（3）金融机构通过金融犯罪执法网络反馈信息。金融机构在通过金融犯罪执法网络获悉联邦执法机构的请求之后，应立即审核金融信息。如果金融机构在非工作时间收到请求，则至少应该在随后的第一个工作日开始核查信息。如果金融机构在核查嫌疑人金融信息的过程中发现了法律要求的期限之外的账户信息，或者未要求查找的账户与交易，或者联邦法律或监管规则并不要求金融机构保存的金融信息，金融机构仍应通过金融犯罪执法网络进行报告。但是，法律并不要求金融机构报告在完成金融信息核查之后，新增的个人金融信息。

如果在完成金融信息核查之后，金融机构发现了联邦执法部门要求的账户或者交易信息，则金融机构应该立即作出回应。反馈报告中的信息包括嫌疑人姓名或者机构的名称、账户数量以及交易的时间和类型、社保账号、护照号码、生日、地址或者嫌疑人的其他身份信息。需要强调的是，金融机构提供的仅仅是有利于联邦执法机构开展反恐怖主义或者洗钱活动的引导性信息，旨在尽快确定涉案的账号和交易情况。上述途径并不能替代传票及其他法律手段。金融机构在提供引导性信息之后，可能收到其他要求披露个人金融信息的请求，包括《金融隐私权法》中规定的大陪审团传票、法院传票、行政性传票，包括国家安全函等。如果不存在吻合的金融信息，则金融机构无须进行反馈。

（三）天平失控：斯诺登事件与欧美数据交换互信关系的崩塌

2013 年 6 月，斯诺登曝光了美国利用网络技术大规模进行全球监视活动的行为，内容包括电子邮件、网站信息、搜索和聊天记录等，监视对象甚至包括德国总理默克尔等欧盟国家的首脑。美国与欧盟国家在个人数据信息分享与交换方面的互信被打破，信息安全问题日益凸显。2013 年 11 月，欧盟委员会发布了针对欧美之间数据安全问题的评估报告，并制定了《重塑欧美数据流动信任》的战略报告。具体内容包括：一是迅速采纳《欧洲数据保护改革》的建议。二是提升信息安全港的安全性。三是加强执法过程中的数据保护措施。四是要求美国使用现有的共同法律援助协议和部门协议来获取数据。五是督促美国进行数据安全改革，回应欧洲关切。六是促进隐私标准的国际化。

四、欧盟立场：统一立法下的金融消费者个人信息保护

《一般数据保护条例》（*General Data Protection Regulation*，GDPR）是欧盟应对美国利用网络技术大规模监视全球活动的核心抓手，并深刻地影响了个人数据保护规则体系。根据 GDPR，所谓数据是指涉及确定的或者可确定的自然人（数据主体）的所有信息。所谓可确定的自然人是指直接或者间接地通过例如人名、身份证号码、位置数据、在线标识，或者特别针对自然人的身体、心理、基因、精神、经济、文化、社会身份的一个或者几个因素构成的标识而可被确定的自然人。据此，针对个人的金融隐私可以被归入针对具体自然人的经济因素而受到 GDPR 的规制。

GDPR 第 48 条同时规定，法院判决、仲裁庭裁决、其他国家行政决定，要求数据控制人或者数据处理人转移或者披露个人信息的，应在满足国际条约（包括同时约束各方的多边司法协助公约等）的前提条件方可实施。这意味着，GDPR 实际上限制了美国超出司法协助等国际公约范围之外，以及不符合 GDPR 有关规定的外国政府单方面获取欧盟个人信息的行为。据此，如果不存在双边或者多边协议，信息控制

人或者信息处理人只能在符合下面规定的情况下，向外国执法机构提供个人信息。

（一）一般数据保护指令的新要求

1. 处理个人信息的合法性要求

GDPR 第 6 条规定，只有在满足如下至少一项条件，并且在其范围内处理数据，处理个人数据才具有合法性，具体而言，包括：（1）数据主体已经同意基于一个或者多个目的而对其个人数据进行处理；（2）为履行数据主体参与的合同而有必要处理数据，或者在签订合同前基于数据主体的请求而进行处理；（3）控制方为履行法律义务而处理数据；（4）为保护数据主体或者另一自然人重要利益而有必要处理数据；（5）控制方为公共利益或者基于官方授权履行某项任务而有必要处理数据；（6）为控制方或者第三方追求的正当利益而有必要处理数据，但这不包括数据主体的利益或者其基本权利与义务优先于上述利益，并应对个人数据进行保护的情形，特别是当数据主体为儿童时。

据此，金融机构至少可以因以下情况，合法处理个人数据：一是金融机构作为数据控制方获得作为数据主体的客户明确同意，能够证明客户同意金融机构处理其个人信息。根据 GDPR 第 7 条第 1 款的规定，如果金融机构想同时获得在涉及其他事项的领域处理个人信息，应该以一种容易理解的方式取得客户同意，特别是使用清晰和平白的语言，确保各事项之间要能够相互区别。二是金融机构提供的金融服务有赖于客户提供其个人信息，或者在签订合同前数据主体请求金融机构处理其个人信息。后一种情况特别适用于银行基于客户请求评估其个人信用信息的情况。三是金融机构为履行反恐怖融资和反洗钱等法定义务时，也有权处理个人信息。同时，金融机构基于履行金融监管部门设定的配合义务，在对个人信息进行处理后向监管部门披露这些信息，也不能视为违反 GDPR 有关保护个人信息的要求。

金融机构基于数据主体的明确同意而获得处理个人信息的权利，可以因为客户的撤回而丧失。根据 GDPR 第 7 条第 3 款的规定，数据主体有权随时撤回自己向数据控制方作出的授权。数据主体撤回这一授权，并不影响在此之前金融机构处理客户个人信息的合法性条件。数据控制方有义务在数据主体授权其处理个人信息前就告知对方有撤回的权利，并且保证数据主体行使撤回权与向其作出授权许可时一样容易。此外，金融机构要处理低于 16 周岁客户的个人信息，还应该取得其监护人的书面同意，因为只有大于或者等于 16 周岁的客户才有权通过明示同意来授权金融机构处理其个人信息。

2. 责任与透明

根据 GDPR 的规定，数据控制方有义务采取有效措施保护个人信息，并且要承担证明自己的数据处理行为符合个人数据保护方面规定的责任。此外，数据控制方要准确记录上述活动，以供监管部门审查。基于上述规定，在个人客户与金融机构就信息保护问题产生争议时，金融机构有证明其满足 GDPR 相关要求，并提供有效证明的义务。如果金融机构无法举证，其将在争议处理环节处于非常不利的地位。同时，在监管部门对金融机构个人数据保护情况进行审查时，金融机构也有义务证明自己履行了 GDPR 的相关要求，并且提供相应的记录作为佐证。

除了由数据控制方承担个人数据保护的责任之外，GDPR 还要求控制方在获取个人数据时，采取合理和必要的措施，并且应该做到足够透明，包括但不限于，数据控制方应提供其身份与联系方式（包括数据保护官的联系方式）、处理个人数据的目的与法律基础、个人数据储存的期限及其标准、个人数据是否会被转移至第三方或者流出欧盟等。此外，数据控制方应告知数据主体所拥有的权利，包括可以要求控制方允许数据主体访问其个人数据、数据主体的更正或者擦除权、数据主体有限制或者反对处理其个人信息的权利、数据主体的数据携带权等。实际上，金融机构在处理个人信息时，无论是自己处理，还是委托第三方处理，都需要履行对个人客户的通知义务，确保个人客户能够基于 GDPR 的相关规定，获取充分而透明的信息，进而有效行使和维护自身的权益。

如果某种类型的数据处理行为，特别是在应用新技术处理个人信息，可能会对自然人的权利和自由带来风险时，数据控制方在考虑了处理的性质、范围与目的后，应当在处理个人信息前对处理进行对个人数据保护的影响进行评估。评估之后认为如果控制方不采取措施，处理个人信息会存在高风险，那么控制方就有义务在处理个人信息前咨询监管机构，并提供相关信息。金融机构运营和人力成本高，在应用大数据、云计算和人工智能等方面具有相对于传统产业更大的积极性和主动性。如果这些新技术和新工具的应用涉及处理个人信息的问题，就应该根据 GDPR 第 35 条的规定，做好相关的风险评估工作。

3. 通过设计的数据保护与默认的数据保护

GDPR 第 25 条规定，无论是在决定个人数据的处理方式时，还是在进行个人数据处理时，都应该采取合适的旨在落实个人数据保护的技术和组织措施。这些措施应该有效率，在数据处理过程中要能够整合各种保护措施，能够满足 GDPR 相关要求，能够保护数据主体权利。据此，金融机构有义务在数据处理的全生命周期考虑个人数据的保护问题。在商业流程的设计阶段，数据的控制方就要考虑 GDPR 在个人数据保护方面的相关规定。如果意识到某新型金融产品或者服务涉及个人数据保护问题，就要在设计环节吸纳适当的个人数据保护措施，满足合规要求。

立法者意识到，应该寻求个人数据有效保护与促进正常商业活动之间的平衡。在判断数据控制方是否采取了适当的保护措施方面，GDPR 第 25 条规定，数据控制方应该考虑当前的技术水平、实施成本、处理的范围、处理的环境和处理的目的，考虑可能给自然人权利和自由带来危害的可能性和严重性等因素。金融机构收集、控制和处理的个人信息种类多样，处理这些信息可能给个人权利与自由带来危害的可能性与严重性差异极大。为此，金融机构可以采取差异化的措施，针对不同类型的信息，采取不同的措施。

默认的数据保护进一步要求数据控制方尽量减少收集个人信息的数量、处理的范围、储存的期限。这就意味着金融机构处理个人信息时，应该基于具体目的收集个人信息，从而减小数据收集的范围。数据控制方应该确保未经本人同意这些个人数据不得向不确定的自然人开放。此外，数据控制方应仅在服务于具体目的期限内，储存个人信息，否则不应再存有客户的个人信息。但是，如果具有管辖权的监管部门对于金融机构留存部分个人客户信息有特殊要求，则金融机构还应将监管要求纳入考虑的范围。

4. 假名化

GDPR 所称的假名化是指对个人信息进行处理使其在没有其他信息辅助的情况下，不能指向特定数据主体。对个人信息进行假名化处理有助于提高个人信息保护水平，满足 GDPR 对于数据控制方和数据处理方的要求。GDPR 为了鼓励数据控制方对个人信息进行假名化处理，一方面要求数据控制方采取有效的技术和组织措施履行相关法定义务，另一方面也允许数据控制方在假名化处理的基础上仍能够对数据进行一般性的分析。考虑到在对个人信息进行假名化处理之后，借助于其他信息，仍然有可能确定固定的数据主体，GDPR 要求应该将其他信息与假名化处理之后的信息分开储存。相对来说，匿名化处理去除了所有可能指向数据主体的特征，就连实施处理程序的数据控制方或者处理方都无法通过匿名化处理后的数据确定数据主体，对于个人信息的保护更为充分。但是，匿名化处理在很大程度上将降低数据的经济价值。

为此，不难理解除了在极端情况下只能通过对数据进行匿名化处理满足 GDPR 要求外，金融机构往往在假名化和匿名化选择同时存在时，倾向于对个人信息进行假名化处理。尽管无法单独利用这些信息确定明确的数据主体，假名化仍然为金融机构对这些数据进行一般性分析，获取有价值的分析结论创造了条件。在实际操作环节，金融机构最常用的假名化技术为"标记化"（tokenization）。例如，在支付领域，国际芯片卡标准化组织 EMVCo 在 2014 年发布了支付标记化技术，由其取代银行卡号进行交易验证，避免银行卡号等支付信息泄露。在中国，人民银行于 2016 年 11 月 9 日发布了《中国金融移动支付 支付标记化技术规范》这一行业标准。支付标记化技术的普遍运用，有助于在有效保护用户金融隐私的前提条件下，促进相关数据的分析和使用。

5. 数据主体的权利

（1）访问权。根据 GDPR 第 15 条，数据主体有权从数据控制方获悉，是否处理了其个人信息。如果存在上述情况，数据主体有权利访问其个人信息，并了解如下内容：一是处理个人信息的目的；二是相关个人数据的类型；三是个人信息可能被或者已经被披露的对象或者该接收方的类型；四是了解个人数据将被储存的期限，如果尚无法确定，有权了解确定储存期限的标准；五是数据主体要求控制方纠正或者擦除个人信息，限制或者反对处理数据主体相关个人信息的权利；六是向监管部门申诉的权利；七是如果个人信息并未从数据主体那里收集，有权利了解信息来源；八是如果存在自动化决策的情况，数据主体有权了解相关逻辑以及处理个人信息的预期后果。

如果金融机构的个人客户提出上述要求，金融机构应根据 GDPR 的要求，对其处理客户个人信息的情况提供一份说明。如果客户在此之外，另行要求提供多份说明，则金融机构可以收取基于管理费支出情况的合理费用。个人客户如果基于数据电文的方式请求提供说明，金融机构亦应该以通用的数据电文方式向客户提供反馈。

（2）携带权。如果对于数据主体个人信息的处理基于合同或者合意，并且通过自动化手段进行，则数据主体有权从数据控制方那里获得其个人信息，数据控制方提供的这些个人信息应具有经过整理、普遍使用和机器可读的特征。此外，数据主体有权利将在一个数据控制方处的个人信息转移至另一个数据控制方，前者不得为数据的转移设置障碍。当金融机构的个人客户基于 GDPR 第 20 条主张个人信息携带权时，金融机构有义务将其获取的个人信息告知该客户，或者转移给客户指定的其他金融机构或者非金融机构。

但是，如果在此之前，金融机构已经对客户的个人信息进行了匿名化处理，已经无法分离出用户的个人信息，则个人客户无法实现上述权利。上述情况不适用于数据控制方仅对数据主体的个人信息进行假名化处理，通过技术手段依然能够将用户的个人信息与其他信息区分出来的情况。

（3）被遗忘权。GDPR 第 17 条规定，数据主体有权利要求数据控制方擦除其个人数据。在满足下列条件的情况下，数据控制方应该满足数据主体的要求：①对于收集或者处理数据的目的而言，数据主体的个人信息已经不再必要；②已经不再满足于收集和处理个人信息的合法性基础；③处理个人信息所追求的利益已经不足以高于个人的基本权利和自由；④存在违法处理个人信息的问题；⑤为满足合规要求而擦除个人信息等。

在金融领域，需要特别注意的是，监管部门在特定情况下要求金融机构存留个人信息。为此，金融机构应考虑 GDPR 赋予个人的被遗忘权与其自身要履行的合规义务可能存在冲突。在此种情况下，金融机构可以基于履行合规义务保存个人客户信息而对抗数据主体主张的被遗忘权。GDPR 承认金融监管机构履行欧盟或者成员国合规义务而拒绝擦除相关信息的合法性。

6. 数据保护官

根据 GDPR 第 37 条的规定，当存在如下情况时，数据控制方或者处理方应委任数据保护官：一是公共机构或者公共实体进行数据处理，法院履行审判职责除外；二是数据控制方或者处理方核心处理活动天然性地需要大规模地对数据主体进行常规和系统性的监控；三是数据控制方或者处理方的核心活动包括 GDPR 规定的对某种类型数据的大规模处理，或者对定罪和违法相关的个人数据进行处理。对于金融机构而言，基于监管要求、提供服务或者自身运营的考虑，难免涉及大规模的数据处理行为，并可能被认定为属于常规性和系统性的监控。为此，包括德意志银行在内的多家商业银行，均设置了数据保护官或者首席数据官。

数据保护官的工作职责包括：一是对控制方或者处理方及履行 GDPR 义务的雇员进行告知和提供建议；二是确保遵守 GDPR 和其他相关数据保护规则及政策；三是对数据保护影响进行评估和提供建议；四是与监管机构进行合作；五是在特定事项中充当监管机构的联系人。为了确保数据保护官能够有效履行工作职责，控制方和处理方应该确保在所有涉及个人数据保护的事项中，数据保护官都能以恰当和及时的方式介入。同时，数据控制方和处理方应为数据保护官履行职责、访问个人数据、进行处理操作、维持专业性知识提供必要的资源。此外，数据保护官应该能够独立履行职责，不受其他方关于如何履行职责的指示，也不会因为完成其工作任务而被处罚或者解雇。在具体实施环节，数据保护官既可以从内部选任，也可以委托其他第三方担任。

7. 报告与处罚

GDPR 第 33 条的规定，处理方在获悉个人数据信息泄露后，应及时告知控制方。如果可行，控制方在知悉后应该及时（不超过 72 小时内）将个人数据泄露的情况告知监管部门，但是个人数据泄露对于自然人的权利和自由不太可能会带来风险的除外。报告形式根据 GDPR 的规定，应包括个人数据泄露的性质、主体类型、大致数量、可能后果、已经采取或者计划采取的措施等信息。如果个人数据信息的泄露可能给自然人的权利和自由带来高风险时，控制方有义务及时向数据主体告知其个人数据泄露，但是控制方通过采取措施导致数据主体面临的高风险已经消除，或者泄露出的个人信息已经加密处理，或者未经授权无法访问该信息除外。

违反 GDPR 相关规定，可能面临严苛的处罚，最高可达 2 000 万欧元或者相当于企业上一年全年总营业额 4% 金额的罚金，两者取其高。在具体案件中，监管部门会考虑多种复杂因素，最终确定处罚措施与处罚金额，这些因素包括：处理个人信息的性质、范围、目的，基于被影响的数据主体数量和损害程度确定的违法性质、严重性和持续时间，故意或者过失，采取减轻数据主体损害的措施，基于控制方或者处理方根据监管规则要求所采取技术和组织措施认定的责任程度，控制方或者处理方之前的违法行为记录，为纠止行为或者减轻危害而与监管机构合作的程度，违法行为所影响的个人数据类型，监管机构得知违法行为的方式（包括是否及时、全面报告）等。

（二）个人数据跨境流动

1. GDPR 有关数据跨境的基本法律框架

（1）有效保护原则及其适用。根据 GDPR 第 45 条，当欧盟委员会认定第三国，或者第三国中的某区域、一个或多个部门提供了个人数据方面的充足保护，方可进行个人数据的转移。此类转移无须监管部门特别授权。在对个人数据保护是否满足充足条件进行评估时，欧盟委员会特别考虑以下条件：一是法治程度、对人权与基本自由的尊重、基本法与部门立法（包括关于公共安全、国防、国家安全、刑法和公共机构访问个人数据的规定）及其实施情况、数据保护规则、职业规则和安全措施、判例法、有效可执行的数据主体权利、对个人数据跨境转移的司法救济；二是国内实际存在并且独立有效运行的一个或者多个监管机构，保障数据保护规则能够有效实施，包括充分的实施权力以及在数据主体行使权利时和与成员国的监管机构合作时提供帮助和建议；三是已经作出的国际承诺，或者承诺履行基于有法律约束力的条约、法律文件或者加入多边或者区域性的有关数据保护体系所产生的义务。当欧盟委员会对第三国，或者第三国中的某区域、一个或多个部门进行了评估之后，可以根据实际情况，通过制定实施性法案，确定该第三国，或者第三国中的某区域、一个或多个部门是否对个人信息提供了充足的保护。如果欧盟委员会不认为其满足了法定条件，除非 GDPR 另有规定，禁止向不满足或者尚未被认定满足充足保护条件的第三国，或者第三国中的某区域、一个或多个部门转移个人数据。

（2）基于采取适当有效措施。即便不满足上述国家、区域或者领域层面的条件，GDPR 仍然为通过其他方式对个人数据提供充足保护的情况，开辟了允许数据跨境转移的合法路径。如果控制方或者处理方能够提供适当的保障措施，包括为数据主体提供可执行的权利与有效的法律救济措施，以及存在有约束力的公司规则，仍可以将个人数据转移到第三国。

（3）充足保护的例外。当存在如下情况，即便不满足充足保护的条件，向第三国转移个人数据仍符合 GDPR 的要求：①数据主体被告知不存在充足保护或者适当的安全措施，预期的数据转移存在风险，但数据主体仍然明确表示同意数据转移；②转移对于履行数据主体与控制方之间的合同，或者履行数据主体在签订合同前所提出的要求存在必要性；③控制方和另一自然人或者法人之间签订或者履行的合同涉及跨境转移数据，其对于实现数据主体的利益存在必要；④基于实现公共利益转移数据；⑤数据转移对于确立、行使或者辩护法律主张存在必要；⑥数据主体因为身体或者法律原因无法表达同意，为保护数据主体或者其他人的重要利益有必要跨境转移数据等。

据此，GDPR 框架下个人金融信息的跨境转移只能在满足上述条件的情况下才可以展开。如果相关国家、区域或者部门不满足 GDPR 意义上的提供了个人数据方面充足保护而无法列入白名单，则金融服务机构更多地要从自身角度出发，积极提供适当的保障措施，包括为数据主体提供可执行的权利与有效的法律救济措施，以及存在有约束力的公司规则，从而满足 GDPR 有关充足保护的要求。同时，金融机构应该充分利用例外情况下，GDPR 对于个人信息跨境转移的豁免，实现个人金融信息的跨境交互。

2. 欧美之间的妥协与争议：从安全港到隐私盾

欧美之间有关个人信息跨境流动方面的安全港协议，开创性地实现了个人信息不同保护标准之间的妥协。尽管受限于美国的行政管理体制，安全港协议并不直接适用于金融机构之间的个人信息流动，但是其折射出的法律问题，特别是欧美之间在个人信息保护法律领域理念和制度的冲突与协调，对于我国未来金融隐私跨境法律机制的设计极具参考价值。

（1）安全港。长期以来，欧洲的立法者一直致力于为个人信息保护提供充足的法律保障。然而，随着网络时代的到来，个人信息的跨境流动成为常态。如果其他国家对个人信息保护存在不足，就会导致个人信息在流出欧盟之后，很难获得像在欧盟时一样有效的法律保障。随着互联网技术与服务的普及，美国大型互联网企业在全球迅速崛起，这导致大量个人数据从欧盟转移到美国本土进行处理。相对于欧盟的个人信息保护水平，美国在个人隐私保护方面存在明显的不足，即便在相对成熟的金融领域，仍然难以达到类似欧盟的保护标准。为此，亟待通过其他手段解决这一突出的矛盾，实现在跨大西洋两岸的数据流动中，欧洲民众能够获得个人信息的有效保障。

从 1998 年开始，美国商务部开始与欧共体委员会就缔结安全港协议进行谈判，推动美国企业满足当时欧盟的个人信息保护要求，从而解决个人信息跨境处理的问题。2000 年 7 月，双方正式缔结了安全港协议。美国公司可以公开申明自愿遵守安全港协议，并在美国商务部网站上进行公示。当时的欧共体委员会认为，加入安全港协议，并且自觉遵守相关要求，属于满足对个人信息保护提供充足保护的要求，这些美国公司可以将个人数据从欧盟转移至美国进行处理。

安全港协议签订后，美国企业无须等待美国国会或者监管部门通过全面立法提升个人信息保护水平后再进行跨境数据转移。它创造性地从企业实施层面入手，弥合了美国和欧盟在个人信息保护方面存在的巨大鸿沟。尽管安全港协议要求的内容仅适用于欧盟和美国之间的数据转移及其保护，不涉及其他方面，但是仍然有大量美国企业基于统一内部数据管理标准的需要，在公司内部自行升级了整体的个人信息保护标准。

（2）欧洲法院在 Schrems 案上的态度。奥地利公民 Max Schrems 自 2008 年开始使用脸书（Facebook）。根据使用协议，像其他欧洲用户一样，Max Schrems 在用户注册环节，直接与脸书在爱尔兰的子公司缔约，根据协议其个人信息将从欧盟转移至脸书在美国的服务器上进行处理。Max Schrems 认为，斯诺登事件暴露出美国公权力机关（特别是国土安全局）对欧洲公民个人数据进行监控，相关法律未对个人数据提供充足的保护，要求爱尔兰的数据保护机构禁止脸书在爱尔兰的公司将欧盟个人数据转移至美国处理。爱尔兰数据保护机构认为其无权质疑欧共体委员会已经通过缔结安全港协议作出的决定。

为此，Max Schrems 向爱尔兰最高法院请求裁决争议。爱尔兰最高法院在收到案件材料后，经过分析认为本案涉及数据保护机构基于欧盟法在个人数据方面审查和评估第三国法律的权限以及欧共体委员会作出安全港决议的有效性问题，这部分内容属于欧盟法院管辖范围，为此将争议提交至欧盟法院裁决。

欧盟法院于 2015 年作出了终审判决，对这两个问题，欧盟法院给出了终局性的解答。针对数据保护机构的权限问题，欧盟法院认为在欧共体委员会已经作出决议的情况下，成员国数据保护机构的独立性具有非常重要的价值，但是其权力并不涉及评估数据在第三国进行处理的问题。在欧共体委员会已经作出决议，认为第三国对个人数据进行充足的保护的情况下，成员国数据保护机构无权作出与此相反的决定。

但是，欧共体委员会的决定并不排除个人针对第三国是否对个人数据提供充足保护而向成员国数据保护机构请求法律救济。在此种情况下，无论是成员国数据保护机构还是成员国法院，都有权在收到个人请求之后，考虑第三国是否对个人数据进行充足保护的问题，但是最终的决策只能由欧盟法院作出。

针对安全港协议的有效性问题，欧盟法院认为第三国对个人数据提供了水平充足的保护，是指第三国在事实上基于其国内法或者国际承诺，对于基本权利和自由提供了和欧盟实质上等同的保护水平。欧共体委员会在对第三国保护水平进行评估时，要充分考虑与个人数据转移至第三国相关的各种环境因素，并周期性地复核第三国是否仍然满足充足水平保护的要求，包括考虑每次复核后发生的各种新情况。

具体到安全港协议，欧盟法院认为安全港协议属于自我认证的个人数据保护系统，其本身并不因此而不满足欧盟法上的要求，只要上述系统建立了有效的发现与监督机制，保证违反保护个人基本权利（特别是在私人生活与数据保护领域的基本权利）相关规定的行为能够被发现和处罚。在实际操作过程中，安全港协议中涉及保护个人数据相关原则的适用，可能因为执法部门履行国家安全或者公共利益的职责而受到影响。在两者发生冲突的情况下，出现了美国法优先于欧盟公民基本权利适用的问题，无论涉及欧盟公民的个人信息是否具有敏感性，以及相关数据主体是否因此遭受严重后果。但是，在作出安全港协议的决议时，欧共体委员会未对美国公权力机关干预基本权利是否进行了限制的问题加以考虑。

欧盟法院认为，美国公权力机关在个人数据转移至美国本土之后，无论该转移基于何种目的，都对欧盟个人数据信息进行监控，并且没有在监控行为是否具有必要性，以及公权力的干预是否符合比例原则的问题上加以限制，也没有提供给个人获得、纠正和删除与其相关的个人信息方面的救济权利。相反，欧盟法为有效保护个人信息防止滥用个人信息规定了明确和详细的规则，对于公权力机关干预个人基本权利的实现进行严格的限制。欧盟法院认为，安全港协议未能对基本权利的保护提供与欧盟本质相同的水平，欧共体委员会作出的安全港决议无效。

（3）隐私盾。Schrems 案在很大程度上揭开了美国与欧盟之间在个人数据保护方面的裂痕，并将矛头直接指向了美国执法机关长期以来监控个人信息的问题。一方面，欧盟作为个人数据的流出方，依赖欧盟的立法决策机制，有效地实现了欧盟内部个人信息保护方面基础性规则的统一，并试图将此项规则的触角伸向海外。另一方面，美国基于反恐等方面的政治考虑，站在数据流入方的立场上，既不愿意对本国企业施加过多的个人信息保护方面的合规负担，更不愿意过度限制执法部门获得个人信息、以便实现全球反恐和其他政治目的。

由于协调这种冲突的安全港协议被欧盟法院宣告无效，双方迫切需要寻求替代方案。在法院判决宣布不久，欧盟与美国便开始了针对新框架协议的谈判，至2016年7月，欧盟委员会批准了隐私盾协议，标志着在斯诺登事件之后，双方终于在跨境数据保护方面达成了共识。相对于安全港协议，隐私盾协议部分地吸收了 GDPR 已经确立的一些基本原则，赋予数据主体更多的权利（例如访问、更正、修改或者删除的权利），提供了更为充分的保护，并完善了权利受到损害后的救济机制。

安全港协议下的救济机制，包括一般性的实施机制与针对美国安全部门的特殊规定。在一般性实施机制下，数据主体可以选择向加入安全港协议的美国企业直接投诉、向该国数据保护机构投诉、启动双方约定的争议解决方式、利用安全港协议下的仲裁解决机制等。为了解决斯诺登事件暴露出美国执法部门监控个人信息的问题，隐私盾协议特别设定了督查专员这样的职务。督查专员独立于美国的情报部门，负责处理个人针对其信息被美国国家安全部门滥用的投诉。同时，企业也有义务告知数据主体公权力机构（包括国家安全部门）合法请求其提供个人信息的情况。

五、中国道路：金融消费者隐私保护的未来路径

欧美个人金融信息保护法律制度的不同演进路径在一定程度上展示了金融消费者隐私保护问题的复杂性。中国未来金融领域隐私保护法律制度的设计和实施应该重点处理好以下五大关系：

（一）统一立法与分散立法的关系

在个人信息保护立法领域，长期以来就存在相互争议的两种声音。一种观点认为，美国的《公平信用报告法》和《金融服务现代化法》都是从一个行业或者一个侧面加强金融领域的个人信息保护。这种做法虽然看似分散，实际上对于多数人而言，至少在金融服务领域，保护强度已经足够，值得在中国推广。另一种观点认为，考虑到欧盟在个人隐私保护立法领域的领先地位，以及欧盟与中国在成文法传统方面的近似性，应采用法典化的个人信息保护立法间接规制金融消费者隐私保护问题。

相对而言，后一种思路更具有说服力。一方面，分散性立法虽然可以更多地考虑不同行业的特点，但是这种头痛医头、脚痛医脚的办法，难免存在立法方面的大量重复建设，影响整体立法进程，难以从根本上解决个人信息保护领域系统性的法律资源欠缺的问题。另一方面，集中性的立法，具有妥善处理一般性规则与细分行业特色关系的空间，具有在立法的整体框架内，集中解决重点问题的能力，并不妨碍针对特殊行业设置特色条款。例如，在 GDPR 之外，欧盟就通过新的《支付服务指令》赋予支付机构在获得客户明示同意后，有权访问客户的银行账户及数据，以便提供个性化和多样性的支付服务。

《个人信息保护法》列入十三届全国人大常委会立法规划，意味着在个人信息保护方面的一般性问题将通过基本法加以解决，将进一步明确学界长期探讨应该引入的众多个人信息权利，例如，信息决定权、信息保密权、信息查询权、信息更正权、信息封锁权、信息删除权、信息可携权、被遗忘权等。但是，立法者仍应为金融领域个人信息保护留下空间。

《个人信息保护法》承载的首要任务是解决目前分散性立法导致的法律体系混乱，影响法律适用稳定性和法律结果可预见的问题，合理提升中国整体的个人信息保护水平。但是，《个人信息保护法》的一般法性质，也就决定了它不可能从根本上解决金融领域个人信息保护方面的一些深层次问题。例如，在国家层面讨论金融控股公司监管规则的时候，金融控股公司内部基于服务客户需求的信息交互问题应该被列入需要重点讨论和解决的问题。同时，随着百行征信开始开展个人征信业务，是否应适应实践需求升级《征信业管理条例》，制定一部中国版的《公平信用报告法》的问题，也应被列入立法者的议程之中。

（二）形式法制与实际落地的关系

立法者通过统一立法可以解决当前个人信息保护方面法律体系驳杂混乱的问题，并兼顾金融领域个人隐私保护方面的特殊需求。但是，法律制度形式上的统一并不能掩盖金融隐私保护在实施层面的孱弱。侵犯个人金融隐私的行为往往具有极强的隐蔽性，金融消费者无法及时察觉。同时，很多行为情节相对轻微，大多尚不构成刑事犯罪，金融消费者难以借助公安机关通过刑事法律维权。另一方面，金融隐私权受侵害的个人主体对于侵权行为的危害性缺乏足够的感知，大多情况下产生的损害难以量化，在考虑维权成本后，没有足够的动力借助于民事权利救济途径主张损害赔偿，坐视不法行为的滋生与蔓延。

为此，在《个人信息保护法》等相关法律中设计切实可行的法律救济机制是解决长期困扰金融隐私保护措施落地问题的关键。考虑到金融行业的特殊性，可以在《个人信息保护法》确立的个人信息行政保护机制之外，另行确定金融监管部门对于金融隐私保护的特别实施机制，包括明确授权金融监管部门结合《个人信息保护法》的基本原则，在金融消费者保护方面制定隐私保护规则的权力，明确监管职责。金融监管部门应考虑将隐私保护工作作为对于金融机构日常监督和考核的有机组成部分，包括根据《个人信息保护法》和金融隐私保护领域的特别立法逐项对金融机构的隐私保护工作进行打分，通过一定的惩戒措施，提升金融隐私保护的实际成效。

此外，行业协会可以通过促进核心企业缔结金融隐私保护自律公约等方式，鼓励金融机构提供高于法律标准的金融隐私保护。为了避免自律公约流于形式，行业协会可以在自律公约中加入相关企业自愿接受协会监督检查，考核各金融机构《隐私政策》的落实情况，并向社会公布检查结果的条款，提高自律公约和《隐私政策》落实情况的透明度，从而对金融机构提升隐私保护水平形成舆论压力。

（三）保护强度与产业发展的关系

尽管美国和欧盟的立法模式存在天然差异，但是在保护强度上，欧盟远超美国并无争议。需要讨论的问题是，对于个人信息如此强的保护，是否可能扼杀了金融机构合理利用信息资源，提升金融服务水平的积极性与创造力，进而导致在国际化的产业竞争中处于不利地位。欧盟之所以在个人信息保护领域采取高标准的立法，除了与其一直以来注重个人基本权利与自由保护的传统有关，还与其在数据收集、储存、处理等方面长期处于被动地位休戚相关。斯诺登事件暴露出美国安全部门利用个人信息进行全球监控的事实，直接促成了欧盟各国通过GDPR所构建的高水平个人信息保护体系的诞生。但是，GDPR引发的高额合规成本也一直被诟病。

相反，美国的判例法体系虽然非常早地承认了隐私权，并提供了有力的法律保障，但是，一直未在个人信息保护方面进行大规模的一般性立法活动。即便在其重点发力的金融领域个人隐私保护方面，也仅赋予数据主体非常有限的权利。《金融服务现代化法》实际上有效地平衡了促进金融服务发展与加强消费者隐私保护之间的利益冲突，为促进美国金融机构的发展和国际竞争力的提升，提供了非常广泛的回旋空间。

个人信息领域并不存在所谓高水平保护必然优于低水平保护的问题。每个国家采取的立法策略都与其国内产业环境及国际竞争策略休戚相关，包括加利福尼亚州出台的所谓全美最严的《2018加州消费者隐私法》（*The California Consumer Privacy Act of* 2018）也未完全对标欧盟的GDPR。类似地，纽约州金融服务局在2017年通过的《金融机构网络安全条例》（NYCRR500）也直接针对防范针对金融机构的网络攻击，提升金融机构网络安全的需求建立相应的保护机制。

有鉴于此，中国未来在金融领域进行的个人信息保护，应该充分考虑行业发展特点与当前市场环境，汲取当年新《劳动合同法》起草过程中过度强调单一价值，忽略社会发展环境与企业承受能力的立法教训，防止单纯照搬欧盟或者美国经验，导致金融消费者数据保护不充分或者影响金融机构参与国际竞争的问题。

（四）个人权利与国家权力的关系

各国普遍认为，国家安全具有相对于个人隐私保护更高的位阶。在实体法层面对国家安全与隐私保护冲突的问题进行深入讨论已经没有必要。但是，这并不意味着隐私保护总要让位于国家安全。法律适用者必须在具体案件的审理过程中，结合各种相关情况，在隐私保护与国家安全之间进行权衡。美国对于国家安全机关借助于国家安全函而大肆侵害公民个人隐私的极度容忍，实际上与其国家安全利益紧密相连。即便如此，美国的国家安全机关仍然需要满足程序法的约束后，方可根据规定获得金融机构收集、储存和处理的个人金融隐私信息。

据此，国家权力介入个人金融隐私领域应该保持足够的克制，借助于程序性手段，防范公权力在个人金融信息领域的滥用。考虑到公权力获取个人信息问题具有一般性特点并且直接涉及个人基本权利的保护问题，《个人信息保护法》应通过专门的章节对此加以规定。原则上，国家机关仅能在其权限范围内获取公民个人信息，不应收集与其履行职权不相关的个人信息。同时，国家机关获取公民个人信息应该符合比例原则，避免超过必要限度获取与履行公共职责不相关的信息。个人信息作为公民基本权利与自由的一部分，国家机关非为必要，不应要求公民向其提供或者从其他国家机关渠道获得公民个人的隐私信息。公权力获取公民个人信息不仅应该贯彻最小化原则，还应履行对于数据主体的告知义务。相关立法亦应对国家机关处理和利用个人信息的行为加以规定。

为了防止国家机关过度收集、使用或者不当处理公民个人信息，《个人信息保护法》应该对于国家机关介入个人信息的行为进行程序化的约束。例如，在金融领域，国家机关基于履行行政职责的需要意图获取金融机构收集的个人金融信息，应该履行必要的法律程序，并只能要求金融机构提供特定客户的个人金融信息。具体而言，应该考虑整合《最高人民法院关于网络查询、冻结被执行人存款的规定》《最高人民法院、中国证券监督管理委员会关于试点法院通过网络查询、冻结被执行人证券有关事项的通知》等司法解释和《金融机构协助查询、冻结、扣划工作管理规定》《关于银行业金融机构协助人民检察院公安机关国家安全机关查询冻结工作规定的通知》《关于查询、冻结从事证券交易当事人和与被调查事件有关的单位和个人在金融机构账户的通知》等部门规章和规范性文件，形成一个完整可控的操作流程，包括在央行下建立类似美国金融犯罪执法网络下的安全信息交换系统一样的个人金融信息流转系统，确保行政执法机构可以在合法合规的情况下，及时获得个人金融信息。

（五）国内立法与国际协调的关系

长期以来，各国对于金融隐私保护一直难以达成共识。欧盟个人信息保护立法所具有的超国家特征，为在隐私权保护领域推动国际立法创造了有利的条件。但是，法律的发展无法脱离各国的本土文化，这在隐私保护领域表现得尤为突出。欧盟仅仅承认非常有限的国家在个人信息保护领域达到了与欧盟本质上相等的高水平，其余国家均因或多或少的原因，在数据跨境问题上，都只能从企业层面采取特殊措施，以便达到欧盟有关提供了充足保护的要求。金融消费者隐私保护机制在美国形成了相对完善的制度基础，但是在具体制度的构架上，与欧盟推行的高标准仍然存在一定差距。

从实际效果看，美国的金融隐私保护制度在提升本国金融机构竞争力的同时，并未出现金融机构滥用个人金融隐私、明显损害金融消费者利益的情况。根本原因在于，金融机构的盈利模式严重依赖于与个人客户建立的长期合作关系。无论是吸收存款、信用卡发放还是提供其他个人金融服务，都是建立在个人客户对于金融机构充分信任的基础之上。金融机构不仅不想泄露或者滥用客户个人金融信息，甚至愿意为了维护与客户的长期信任关系，而采取先进的技术手段保护客户的金融隐私。

其他国家可以结合自身情况，在欧盟个人信息保护标准与美国金融隐私保护规则之间作出取舍。但是，各国在金融领域个人信息保护制度方面的差异，将极大地增加跨国金融机构的合规成本。为此，有必要通过国际协调机制确定跨国金融隐私保护的基本框架。经合组织《关于保护隐私和个人数据跨国流通指南》和《亚太经合组织隐私权保护框架》确立了个人信息保护的一些原则性规定，已经成为相关国家和地区个人信息保护理念的基础。随着中国银行卡支付标准和第三方支付机构在东南亚和"一带一路"沿线国家的拓展，推动相关地区个人金融信息保护框架在国际协商的基础上实现进一步统一，已经具备了一定基础。

主题报告三

信贷领域的金融消费者保护研究：
机制反思与发展路径

执笔人：刘功润　孙　丹　史广龙

【内容摘要】我国信贷行业呈现出借人和借款人多元化、市场规模稳步较快增长、金融科技应用创新与场景化生态体系构建驱动等鲜明特点，成长为全球规模最大的网络信贷市场。但由于大多数金融消费者专业金融知识匮乏，对金融风险的理性认识欠缺，缺乏抗风险能力，使得信贷领域金融消费者权益的保护问题凸显。中国信贷领域金融消费者保护应遵循循序渐进，逐步完善的路径，制度设计要从实际现状出发，充分考虑中国金融消费者非理性行为的特点，对国外经验进行有针对性的取舍，逐渐确立起从监管机构、行业协会、消费者组织到司法机关，综合性、全方位、具有可操作性与执行力的金融消费者保护法律机制。

【关键词】网络信贷；金融消费者；保护机制

随着中国经济发展进入新常态，大批新型小微企业和个体工商户孕育而生，个人金融需求加速增长，金融资源向"中小微弱"群体适度倾斜成为必然要求。2015年3月的中国《政府工作报告》及2016年1月的《推动普惠金融发展规划(2016—2020年)》明确中国的普惠金融服务对象为农民、小微企业、城镇低收入人群和残疾人、老年人等其他特殊群体。中国当前有6 000万~7 000万户小微企业主和商户、1.2亿~1.5亿低收入工薪阶层人群和1.8亿~2亿农户，其中有相当比例的人尚未享受到完善的金融服务。另外，民政部发布的《2017年社会服务发展统计公报》显示，全国60周岁及以上老年人口占总人口的17.3%，享受困难生活补贴的残疾人超过1 000万人，近总人口的1%。为这些人群提供具有可得性的金融服务，有利于缩小贫富差距，使经济增长更加强劲、可持续。

大数据、云计算、区块链、人工智能等金融科技的迅速发展，有效降低了信贷领域的运营成本和准入门槛，带来可观、风险可控的规模效应，实现了这些长尾客户的信用可测量、资产化和数据化，并催生了信贷网络化这一重要的新型普惠金融业态，每年规模上万亿元。信贷网络化既包括小额、分散、无抵押、无担保的线上消费贷、现金贷，也包括将信贷业务受理与调查、授信与审批、合同签订、发放与支付、贷后管理等运营管理在线化；行业参与者既包括银行、信托、消费金融公司等持牌信贷机构，也包括小额贷款公司、融资担保公司、P2P 等新兴机构。出借人（投资人）和借款人多元化、金融科技应用创新与场景化生态体系构建，是中国网络信贷市场规模稳步增长的重要驱动。

虽然信贷领域的网络化以较低的交易成本、便利的交易方式等普惠性特征拓宽了社会大众获得信贷金融服务的渠道，但行业出现了一些乱象。这些乱象一方面造成了金融资源要素价格的扭曲，劣币驱逐良币，一定程度上阻碍了政策的传导效应，曲解了金融创新和普惠金融的本义；另一方面，由于金融消费者普遍缺乏识别和抗风险能力，信贷领域金融消费者权益的保护问题日益凸显。

国际金融危机后，加强金融消费者保护业已成为国际共识。发达国家、发展中国家以及二十国集团（G20）、经济合作与发展组织（OECD）、世界银行（WB）、世界银行下设的扶贫咨询专家组（CGAP）、金融包容联盟（AFI）、金融稳定委员会（FSB）等国际组织均认为，金融消费者保护对于维护金融体系稳定，促进金融市场竞争和效率，提升信贷可得性意义重大。世界银行《金融消费者保护的良好经验》更指出，金融消费者保护可以促进金融零售市场的高效、透明和深化；可以增强金融包容，促进平等前提下的增长；可以改善金融机构的内部治理结构；可以帮助金融机构更好地面对零售客户交易中出现的风险；可以使金融体系免受政府过度反应的风险。

一、现行法律制度下金融消费者面对的信贷领域风险

2008 年后，在共同应对国际金融危机冲击的背景下，国际社会迅速达成共识，颁布了旨在加强消费者保护的高级原则和政策指引。联合国作为协调各国的重要机构，其发布的准则代表了国际领先的保护水平，具有广泛的指导意义。2015 年 12 月，联合国贸易发展会议修订通过了《联合国消费者保护准则》，从适用范围来看，准则明确了"消费者"指的是自然人并不包括企业。

因此，信贷领域的金融消费者，指的是为购买或享受信贷金融服务的自然人。一直以来，绝大部分借贷关系发生在金融机构和借款的自然人之间，消费者保护一般是指对借款人的保护。但在近几年蓬勃发展并问题不断的 P2P 行业中，出借人和借款人都是金融消费者，这是因为 P2P 模式的设计初衷是作为一个信息中介平台，为自然人个体之间的信贷提供撮合服务。因此，在 P2P 借款模式中两者都有获得消

费者保护的内在需求。

以 P2P 创始者英国 Lending Club 为例。在借款人一端，其风控系统与信用评分体系 FICO 直联，筛选出信用良好的中产阶级；在出借人一端，所认购的产品都是经过证监会对股票同等程度的监管约束，投入的资金还受到 FDIC 的保险；Lending Club 平台只负责贷款的审批定价，其推出的金融产品由另一家商业银行提供，它只赚取中间差价及撮合手续费，做一个市场认可、法律许可的信息中介服务。在这一清晰的交易结构和盈利模式下，不存在靠套路贷盈利，不存在靠暴力催收，不存在靠理财产品搞资金池，也极少造成投资者的损失，更不会有群体性事件发生。

中国近年来出现以消费场景为主的信贷线上化趋势，信贷业务规模和提供服务的机构数量类型大幅增长，服务类型不断创新，服务的人群不断下沉，已经成为全球最大的 P2P 市场。信贷业务不断创新的同时也出现不少行业乱象，在某些领域风险集中。当前信贷领域消费者面临的风险有了新的变化，本报告从借款人和出借人两个方面分别分析。

（一）借款人面临的风险

1. 贷款中金融消费者的知情权保护问题

知情权是金融消费者相关权益中最基本和核心权利之一，金融消费者不能依靠对金融商品的观察以及试用等对其内涵进行判定，而各种信息均由金融机构提供，消费者缺少相应途径对各种因素进行了解，这加重了金融消费者对金融产品的识别及判断的难度。

在贷款服务日益线上化、多样化、专业化的情势下，金融机构与金融消费者之间的信息不对称越来越严重。这种不对称使金融消费者极易受到销售者的误导和欺骗。2019 年 4 月，"奔驰女车主"哭诉维权事件引发各方关注，类似场景贷款中"搭售"甚至欺诈行为已成为某些经销商、代理商灰色获利"潜规则"，严重侵犯了消费者的合法权益。

贷款根据有无指定用途，可划分为场景贷款和无场景贷款。场景贷款与无场景贷款的区别除了场景本身，面向的客群也大相径庭。无场景贷款的客群相对明确：这些人原本就拥有借款需求，通过无场景贷款来缓解资金压力；而场景贷款客户在借款之前，首要身份是场景购物的"消费者"，其次才是"借款人"。

在一般场景消费中，客户全款支付后即完成了"消费者"层面的角色扮演，不会主动切入第二阶段的"借款人"角色。但某些不良商家为了额外获利，强行对原本不存在借款需求的消费者群体"搭售"甚至"诱骗"，将普通"消费者"转化成"借款人"，以此获取额外牟利。

场景交易中的部分普通消费者原本并没有贷款计划，多为在销售人员的诱导下临时起意。因此，这些被动转化成"借款人"的消费者相比现金贷借款人而言，大多数并没有做过贷款功课，对相关条款、服务的了解基本处于空白状态，极易受到知情权方面的侵害。

对场景贷款的过往乱象进行盘点，根据客户对费用、服务的知情程度，主要存在以下形式：

（1）客户完全不了解费用和服务。消费者在消费过程中完全不知晓贷款服务，被经销商违法使用其个人信息办理贷款。例如"培训贷"，培训机构打着"免费培训"等幌子招募学员，实际将学员的个人资料，连同身份证、银行卡等敏感信息违法在互联网金融机构办理贷款，非法牟利。

（2）客户了解服务，但不了解费用。部分无良商家淡化贷款性质，刻意模糊收费或者干脆不告知，致使不知情的消费者背上高息债务。例如 2018 年多起爆雷的长租公寓，以"信用免押租房"为幌子，租金一月一交，无须交押金，实际为租房者办理租房贷款，却不明确告知收费情况，最终使得租客流离失所的同时还背负上高息贷款。

（3）客户了解服务与费用，但被其他名义欺骗。某些商家打着"免息贷款"的幌子诱使消费者办理分期，赚取手续费，实际贷款免息期很短，绝大部分还款周期内消费者仍要支付利息甚至高额手续费。

场景贷款乱象丛生，底层消费者作为弱势群体被贷款后难以摆脱梦魇，既纵容了场景端机构的不良风气，又伤害了普通消费者的消费体验。在线上消费金融场景中，消费者只需要在某个环节中对贷款格式条款和默认"知晓"或"同意"点击即可完成，更加剧了消费者知情权保障的难度。

金融机构在消费者知情权保护方面做了不少努力，采取多元化多渠道方式履行告知义务，但在新形式下难度依然很大。结合当前 App 推送、短信、电话集中"轰炸"的环境，很多纠纷中客户普遍存在对电子渠道的通知关注度不高的情况。对于部分业务的合同内容、服务内容的变动采用类似于扣款型业务的事后通知方式，从金融消费者知情权而言，不符合事前"知晓"，也缺少足够诚意，易引起不必要的情绪冲突和纠纷。

我们在创新金融消费者知情权保护方式上有两个建议：

（1）尝试在线互动式告知。当前纯线上借贷服务平台已经逐步采用视频连线的方式完成相应的身份识别、合同内容确认等环节，也有些机构通过网站、App、公众号等端口实现较好的交互告知体验。

（2）在业务环节告知相应关键信息。在消费环节或者贷款环节中对客户可能产生扣款、信息获取、合同确认等业务节点，提前告知相关关键信息，给客户留有相应或异议的反应时间。并针对部分重要业务，在客户未予回复时启动人工电话、视频确认动作。

2. 个人信息泄露风险

个人信息，是指各类信贷机构开展业务，通过线上线下各种手段收集、存储、传输、处理和产生的个人及其行为相关的各种数据，包括但不限于出借人、借款人以及从第三方以电子或者其他方式记录的能够单独或者与其他信息结合识别自然人（出借人及借款人）个人身份的各种信息，比如自然人的姓名、出生日期、身份证件号码、个人生物识别信息、住址、电话号码、行为轨迹等。

在互联网的大数据背景下，个人信息体现出了更多的内涵，不再停留在人格权益的基本功能上，还蕴含着某种经济或财产价值，一旦被非法侵犯，不仅侵犯个人隐私，也会导致财产权益被侵害。例如，当个人信息泄露后，可能会发生被他人冒名在金融机构贷款的"被贷款"现象，或被利用于从事诈骗活动和贩卖或交换给第三方，使借款人承担诸多风险。社会各界已经从初期的只关注信息是不是泄露延伸到更广泛的个人权益的保障中。但是新时代背景下的消费环境，仍然存在着日益增多的权益需求和不平衡、不充分的保护之间的矛盾，目前我国个人信息权益保护相关法律有限，需要健全相关法律体系。

随着互联网信息技术的井喷，一方面通过技术手段获取个人信息越来越容易，另一方面，金融行业进入以大数据为基础的人工智能时代后，个人信息的商业价值日益突出。越来越多用户的个人信息在各类金融平台聚集，其中大部分都是与个人财产相关的敏感信息。总体上看，消费者个人信息保护情况不容乐观，其中移动互联网等线上渠道尤其严重。

根据2018年8月中国消费者协会发布的《App个人信息泄露情况调查报告》，目前八成以上消费者的个人信息遭到泄露，总体情况比较严重，其中，信贷类App是隐私泄露的高风险重灾区。个人信息泄露的主要途径有四类。第一类，非法获取，包括无授权、授权不足、强制授权、过度获取（包括用科技手段抓取），以及利用网络系统漏洞，通过木马病毒、钓鱼网站等手段盗取、骗取等；第二类，非法使用，包括营销电话骚扰、用于大数据的风控、催收等；第三类，非法保存，即超过业务存续期；第四类，非法提供，即故意泄露、出售。

我国有近40部法律、30余部法规涉及个人信息保护。《消费者权益保护法》《民法总则》《网络安全法》《刑法修正案（九）》等法律法规进一步明确了责任主体、犯罪要件等，织密了法律保障网络。比如，当相关主体以出售、提供、窃取或其他非法手段获取公民个人信息超过一定数量时，就构成刑事犯罪。依据我国《刑法》的规定，侵犯金融消费者信息安全主要涉及的罪名为侵犯公民个人信息罪。

2009 年《刑法修正案（七）》增设了出售、非法提供公民个人信息罪和非法获取公民个人信息罪，2015 年《刑法修正案（九）》中扩大了相关罪名犯罪主体的范围，提高了法定刑期。

法律对个人信息的收集使用采取三个原则——正当、合法、必要，其中合法性和必要性原则目前有所争议。不过信贷服务提供方无论收集何种类型信息，用于何种用途，都要征得消费者同意，尊重消费者知情权。

我们的观点是，在互联网技术的背景下"泛云端化"数据信息存储已经成为现实和常态化，对于侵犯公民个人信息的犯罪不再拘泥于"面对面"的可感应化现实的侵犯。利用交易优势和手段不仅掌握着金融消费者的基本信息，还可以以技术手段通过数据发掘，分析出金融消费者的消费模式、习惯和偏好等深层次具有个性化的信息，由此得来的信息在成本上更为廉价、方便和快捷。在此基础上，抓取信息的机构/平台应对第三方行为负责，包括代理行为、外包行为、债务清收行为等。如果用户信息因此出现在其他交易平台，或被用于其他目的，那么抓取个人信息的平台也将承担侵犯信息安全的违法连带责任。

监管方面，目前个人信息安全的管理权分散在不同部门，"九龙治水"局面亟待改观。在统一立法、统一监管的前提下，应当建立相应的评估机制和技术标准，来判断平台经营者是否有足够的技术能力来保护自己收集的个人信息不被非法窃取。此外，采取技术与管理手段来防范"内鬼"以及采取责任倒逼机制，通过严格追究平台责任来促使平台采取更加严格的内部管理和内控约束机制。

建立差异化个人信息保护机制。一是在类型划分方面，应根据个人信息和隐私、人格尊严的关联程度，区分敏感信息和非敏感信息，对于前者严格保护，对于后者支持便捷利用。个人敏感信息主要包括身份证号码、手机号码、种族、政治观点、宗教信仰、基因、指纹、性取向、性生活、银行账号密码、财产情况、病史等。二是在合理注意义务方面，应分析不同场景中的信息处理行为能否为当事人合理预见，建立敏感、非敏感信息与合理注意义务之间的对应关系。对于敏感信息，个人对信息收集共享的容忍程度更低，网络服务提供商则应承担更高注意义务。三是在信息主体方面，研究制定收集共享特殊主体信息的保护规则。未成年人对信息收集共享缺乏独立判断能力，老年人对大数据收集运用场景缺乏足够了解，两类群体均易因信息泄露受骗致害。因此，建议收集共享未成年人所有信息均需经其法定监护人明示同意，收集共享70 岁以上老年人敏感信息需经老年人及其赡养义务人明示同意，且共享未成年人和老年人上述信息须采取匿名化或加密处理，降低信息泄露风险。

金融消费者也需要培育良好信息信用意识和使用习惯。消费者使用手机 App 时应做到"四个注意"：一是注意选用安全合规的 App 产品和服务，并选择正规有效的渠道进行下载安装；二是注意认真阅读 App 的应用权限和用户协议或隐私政策说明，了解操作注意事项；三是注意培育良好使用习惯，不随意开放和同意非必要的读取权限，不随意输入个人隐私信息，定期维护和清理相关数据；四是注意认真应对个人隐私信息被泄露的问题，发现个人信息被泄露时，要通过有效手段及时主动维权，必要时向有关部门反映，让更多消费者免受其害。

3. 贷款诈骗风险

贷款诈骗是指以贷款名义向借款人诈骗钱财。随着借贷需求的日益活跃，借贷方式愈加多种多样，骗子的诈骗手段也是越来越新颖，让人防不胜防。骗子们正是利用人们缺乏金融知识、急需周转资金、监管部门防范不力等条件，肆无忌惮地实施以发放贷款为名的诈骗活动。主要有如下三类方式。

第一类，"纯诈骗"。即以低门槛发放贷款或协助获得贷款的名义向借款人收取包装费、保证金、激活费等"费用"，借款人交完钱后犯罪嫌疑人卷款消失。

第二类，盗刷银行卡团伙跨界诈骗。犯罪嫌疑人以"要贷款，先验资"为由让借款人办理一张新的银行卡，再把一笔钱存入，接着要求受害人去银行办理关联操作。按照这种"关联"业务规定，一方的钱在不用确认的情况下，可被另外一方直接扣走。

还有犯罪嫌疑人利用"木马"程序盗取借款人银行卡信息。犯罪嫌疑人让借款人下载网站插件或 App。而这些插件或 App 往往就是"木马"程序安装包，借款人在申请的时候，需要填写银行卡账号及密码，一旦填写，银行卡上的钱统统被犯罪嫌疑人转走。

第三类，套路贷。这类骗局表面上是提供贷款服务，但目的是以合法贷款合同对非法侵吞受害人的财产之实进行包装。骗子通过制造银行流水、签订合同来固定合法证据，然后故意制造违约，让受害人无法还款，再拿着之前签订的合同征收高额罚息，往往几个月就会欠款上百万元，然后胁迫受害人再签署高额贷款合同，借新还旧。一旦受害人入局，"贷款"合同越滚越大，再顺便侵吞其房产、车辆等一切财产。

4. 过度负债风险

互联网消费金融的发展为消费者开拓了融资空间，同时也造成了借款人过度负债的风险。对过度负债的判断有如下三个角度：如果客户长期难以按时还款，必须为了履行还款义务作出不必要程度的牺牲，可判断客户处于过度负债状态（Schicks，2010）；或当借款人在特定时间段内总偿债支出（无论是来自一笔还是多笔贷款）高于净收入时，属于过度负债（柬埔寨过度负债研究，2013）；或当客户完全无法还款时，则处于过度负债状态。

这一风险来自两个方面。一是提供贷款的机构。基于高收益驱动，不遵守

KYC 原则，放松对借款人还款能力、信用水平的考察和评估，或者风控能力不足，为借款人提供了过度授信，更有甚者故意引导借款人以贷养贷、借新还旧，以致其背负不能有效清偿的过度负债。提供贷款的企业校园贷就是向不具备还款能力的人提供了服务。二是借款人自身金融能力不足，不知道自己承受能力高低，不知道负债多少是合理的，从而过度消费导致过度负债。而目前互联网金融信用信息共享平台尚不健全，多头信贷、重复信贷等行为不能得到有效识别和防控，对于借款人不负责任的"拆东墙补西墙"的腾挪行为无法有效截断，也容易助长其过度负债行为。

过度负债的影响是消极的。清华大学中国与世界经济研究中心发布的《2017中国消费信贷市场研究》显示，居民消费信贷的客户偏向于年轻群体，18 ~ 29 岁年龄占比近半，超过 70% 的客户月收入在 5 000 元以下，经济实力不足。一旦发生大面积的信贷违约，很可能借助互联网的外部性、快速传染性和广泛覆盖性，连锁引发系统性金融风险。

中国近两年出现居民储蓄率走低、债务率走高的高杠杆现象，也与普惠金融推广过程中的过度负债不无关系。国家统计局数据显示，2015 年国民总储蓄率为48%，2017 年降至 46%，为 2005 年以来最低。中国社科院估算，我国居民部门负债率从 2015 年末的 40% 扩大至 2017 年末的 49%；而根据国际清算银行（BIS）数据，2018 年第一季度我国居民部门负债率已接近 55%，远超过新兴市场国家 35%的平均水平，接近或者超过部分发达国家。从负债/可支配收入角度来看，我国居民部门负债水平也已超较多发达国家。更值得关注的是增速，2012—2017 年我国居民部门负债率水平年均增幅高达 3.7 个百分点，在全球主要国家中居于首位；居民部门负债增速从 2008 年以来一直高于可支配收入增速，且近年来这一差距再度呈现扩大的趋势，2017 年两者已相差了 20 个百分点以上。

（二）投资者（出借人）面临的风险

在 P2P 网贷领域中，侵犯投资者（出借人）资金安全权益的风险一般来自平台实施的犯罪，以及其他网络金融活动参与者实施的犯罪。

1. 资金池的违法风险

当前在信贷领域中存在大量的资金池[①]业务，导致期限错配。即用一年期的理

---

① 在银行业监督管理机构的相关监管规章中，针对银行理财"资金池"有明确限制。资金池是指银行业金融机构利用资金与资产的期限错配赚取期限溢价，并通过将理财产品进行循环发行让"存放资金的大池子"中资金保持稳定。这一模式的风险在于将短期风险不断延后，也就是说在借款期限长于理财期限的情况下，在理财到期时由资金池来接盘，再发行一个理财产品来接手资金池中的借款债权，一旦资金链断裂，将造成严重的流动性危机。

财资金错配 24 期或 36 期的信贷产品，用到期还本付息的理财资金做了等额本息还款的贷款产品。一边是刚性兑付，另一边又做了高风险资产——借款人信用差、抵押品不足、收入不明、还款来源不稳定，银行认定的不符合贷款条件的客户。当遭遇投资人减少而兑付是刚性时，流动性风险就显现出来了。

"资金池"模式下的刑事违法风险主要是非法吸收公众存款和集资诈骗。一些网贷平台将融资需求包装或修饰成理财产品出售给投资人，然后再将这些"理财产品"进行拆分，将拆分后的项目借款标的重新展示到网贷平台上。在此种情况下，投资人就将其出借的资金直接投入了平台的自有账户，形成资金池。还有一些平台以自己为中心，形成以自有资金出借给借款人再通过平台网站上转让债权收回资金，最后重新出借给其他借款人的循环。在这个过程中，网贷平台为了隐瞒自己作为特别借款人的身份，通常不会将项目信息在平台上进行详尽披露，导致信贷双方不能充分了解情况。比如放贷给房地产企业、房贷炒房客、银行淘汰的企业、一些无良个人等。或有些以合法性途径先归集资金，再寻找或虚构借款项目或借款人等方式，使投资人的资金提前进入平台账户，从而形成资金池。很明显，这些做法一方面侵害了信贷双方作为金融消费者的知情权，另一方面可能涉嫌构成犯罪。以买卖理财产品之名，非法吸收公众存款，如果符合《刑法》条款中的"非法吸收公众存款罪"的构成要件，则应当追究单位以及相关责任人的刑事责任；如果是先归集资金，再虚构借款项目或借款人等方式，使得投资人的资金提前进入平台账户，客观上虚构事实，主观上有非法占有的故意且数额较大，是符合《刑法》条款中的"集资诈骗罪"，则应当追究单位以及相关责任人的刑事责任。

2. 庞氏骗局的违法风险

在金融领域的非法集资刑事违法中，行为人"借新还旧"的实质与所谓的"庞氏骗局"并无本质区别。所谓的"庞氏骗局"，即利用新借款偿还旧借款的行为。这一类的刑事犯罪主要是指非法吸收公众存款罪和集资诈骗罪案件，其显著特点就是以高回报率为诱饵进行非法筹集资金。由于多数非法集资项目其盈利方式根本就是无源之水无本之木，因此，大量非法集资项目都是以"庞氏骗局"表现出来。在此类骗局中，由于根本不存在或根本无法实现承诺的投资回报，因此对于先前投资者的回报，只能依靠新进的投资人的投资，以后续投入的资金维持运转。在此种模式下，必须不断地发展后续投资人加入或增加集资规模滚雪球式地壮大为"金字塔"或"圈层化"结构。

在网贷行为中，一些平台将借款人（包括关联关系的借款人）的大额借款需求拆分成诸多的小额短期借款标的放在平台吸收资金，融资后再转贷给借款人获取利差或高额转贷，形成资金池。当借款人无法归还欠款时遂虚设标的再行融资，以达到"借新还旧"之目的。如果说行为人借助平台之名，通过编造虚假借款人并在平台上发布虚假"借款标"，以承诺到期高额利息和回报为诱饵，吸引投资人，将投资资金没有用于向投资人承诺的用途上，而由自己实际控制、占有和支配，或携款潜逃等，则符合《最高人民法院关于审理非法集资刑事案件具体应用法律若干问题的解释》第4条的规定，应当认定为集资诈骗。如果在非法集资行为中，行为人为了"借新还旧"而虚构事实隐瞒真相，目的是缓解一时的资金紧张，解决资金周转或维持经营活动，力求未来还本付息，主观上则应当认定不具有非法占有目的。判定其是否构成非法吸收公众存款罪，除了考察其犯罪构成外，还应当从非法吸收或者变相吸收公众存款的数额上、吸收存款的户数以及造成的经济损失等方面综合衡量。

二、信贷领域金融消费者保护的理论基础

（一）生产者、经营者与消费者之间严重的信息不对称性

在传统的商品服务交易中，消费者由于信息不对称而处于弱势地位，但因其所购买的商品或接受的服务均源于人的自然需求，属于基本认知可以触及的范畴，消费者能够通过感官直接对所购买的商品或服务进行评价，信息的传递是直观而明确的。而在信贷领域中，产品与服务具有专业程度高和技术性强的特点，金融消费者很难根据基本认知对其进行直观评判。如果金融机构进行劝诱或者误导，消费者容易因为缺乏知识或者经验而作出误判。即便消费者获得了一定的信息，也可能因为行为决策过程中存在难以克服的"偏见"，对可能的收益估算过高，对可能的风险预计过低。这为不法金融机构从事机会主义行为、损害消费者利益提供了条件。

在没有严格的制度进行外部约束条件下，金融机构并不具有向消费者提供充分信息的动力。金融消费者获得的信息越充分，对金融产品交易中的风险就可能越敏感，由于存在对损失的厌恶，很可能因此而拒绝交易，影响信贷金融机构的产品推广。原本充分揭示信息而影响业绩的信贷金融机构，会为提高业绩而减少信息供给，最终向其他较少披露信息的信贷金融机构靠拢。另外，信贷领域金融消费者通过分散投资避免风险，在各类产品与服务的比重上都不会过高。考虑到私人监督信贷金融机构的巨大成本与有限的收益，金融消费者没有动力参与其中。实践中，在发生风险事故前，金融机构很少受到来自金融消费者充分、有效的监督。由于金融消费者与金融机构存在着利益上的冲突、信息上的不对称以及金融消费者自身的弱势地位，将金融消费者纳入法律体系并予以倾斜性保护具有

其合理性。

对信贷领域金融消费者进行保护的根本出发点在于，通过强制性的法律规定，促进金融消费者获得更多的金融产品与服务的信息，从而在一定程度上减轻信息不对称可能带来的风险。同时，由于金融消费者获得了更为充分的信息，对金融交易风险有了更好的评估，在一定程度上可以降低行为决策过程中的非理性因素，对金融机构的机会主义行为形成有效的制衡。此外，有效的金融消费者保护机制将提高金融市场的信息供给，保证金融消费者获取信息的质量和规范性，这将加强各种信贷金融产品之间的竞争，提高金融市场的资源分配效率。从这个意义上说，金融消费者保护不仅可以维护处于金融交易中弱势一方的利益，更可能具有防范和遏制潜在系统性风险的功能。

（二）金融消费者能力的天然不足

金融产品以及服务本身固有的高难度的复杂性、高风险性与专业性使得金融交易双方信息不对称的特点尤为凸显、金融消费者相对弱势，从行为金融学的理论解释，即使在完全的信息市场中，金融消费者也很难作出理性人的选择。而且，并不是所有的金融产品和服务对每个金融消费者都适用，金融消费者需要具备一定的金融素养和风险认知能力与之匹配。

金融素养包括了消费者金融知识、态度、行为和技能，良好的金融素养有助于消费者作出适当的金融决策，降低系统性行为偏差，提高金融市场参与度并降低金融风险。具体表现为两个方面。其一，金融风险识别能力。在风险发生前，金融消费者需要明白"自享收益"的同时，要"自担风险"。能够进行风险自评，并充分了解和评估金融产品、服务的风险高低，从而根据自身的风险承受能力和相关产品的风险特征，选择适当的金融产品。其二，金融风险抵御能力。金融消费者需要了解投诉受理、处理机制、处理渠道等一系列机制，一旦发生风险，能够采取适当的方式维权。

根据中国人民银行《消费者金融素养调查报告（2017）》，我国当前金融消费者的金融素养现状主要表现在三个方面：

第一，整体上，我国消费者金融素养平均得分为 63.71，得分分布标准差为 15.03，消费者金融素养水平有待提升且发展存在着一定的不均衡。

第二，东部地区消费者金融素养水平高于中部、西部和东北地区；城镇居民金融素养要高于农村居民，"务农"在 95% 的水平上与金融素养显著负相关。

第三，消费者收入和受教育程度与金融素养在 95% 的水平以上显著正相关。

原因显而易见。教育水平的提高能够增强消费者对金融领域相关概念的理解能力，帮助消费者正确地使用金融产品和服务；随着年龄的增长，消费者有更充裕的资金投入金融市场，并在金融活动中不断积累相关知识和技能；城镇全职工作者与社会接触频繁，且拥有稳定的收入来源，容易产生投资理财的需求，会主动关注和了解金融知识；"务农"群体受其知识面和工作地点的影响，更少接触各种金融产品和服务，从而对金融素养的提升带来了负面影响。拥有较高收入使得金融消费者拥有更多可支配资产，有更多的机会参与各种金融活动，对金融风险的偏好更强，认识也更加深刻。与城镇相比，农村地区的金融机构网点分布少，金融产品匮乏，金融覆盖率较低，受限于文化、使用习惯和网络联通，新兴的互联网金融尚未在农村普及。

我国作为人口最多的发展中国家，长尾客户群体庞大。金融包容性的增强意味着以前从未或较少使用金融工具的长尾市场客户被纳入，但在当前方兴未艾的金融创新背景下，金融产品和服务呈现多样化的态势，长尾客户的知识和能力并不足以应对复杂、交叉且相互嵌套的金融工具。这将使得在改善融资机会、增进金融福利的同时，系统性信用风险也随之提升。例如，随着我国进入老龄化社会，侵犯老年人合法权益的金融诈骗也越来越多，多数老年被害人经济能力下降，认知水平有限，不能理解基础的金融知识和日新月异的金融方式。可见，金融素养的提升是金融消费者保护的最大原动力，金融教育的价值在于培养人们的技能，提供有针对性和及时的信息。

三、信贷领域金融消费者保护的国际经验

（一）联合国

在前文所述的《联合国消费者保护准则》修订版中，总则部分第5条增加了四项准则：消费者能够获得基本商品和服务；保护弱势和处于不利地位的消费者；保护电子商务的消费者；保护消费者隐私和全球信息自由流动。

从金融消费者保护方面看，增加的后两项要求值得高度关注并借鉴。随着互联网作为生产生活的基础设施，金融服务的获取从少数向大众覆盖，金融消费者的外延扩大，意味着其权益也受侵害的波及面更广泛。此外金融产品和服务涉及对个人信息的收集和利用，一方面保护金融消费者的隐私，另一方面促进全球信息的自由流动，是社会治理的良好诉求，值得深入探讨。

同时，准则还新增了良好商业做法的原则，强调原则适用于线上商业活动，将新兴的互联网金融消费者纳入传统的金融消费者保护范围。

（二）美国

经历了2007年次贷危机，2010年7月，美国出台了80年来最重要、最严格的金融监管法《多德—弗兰克法》，旨在防范系统性金融风险、保护金融消费者利益。

除了改善抵押贷款的运作与监管和加强对信用评级机构的监管①外，核心内容之一是成立消费者金融保护局（CFPB）。

国际金融危机爆发前，有多家监管机构对信用卡、住房按揭贷款等产品进行监管，但都未将消费者权益的保护置于优先位置，从而导致住房抵押贷款成为高风险产品，非银行机构贷款人游离于联邦政府金融监管之外。因此，该法规定在美联储系统内设立消费者金融保护局，职责是监管提供抵押贷款、信用卡等金融产品或服务的金融机构，防范和测试与金融产品相关的系统性风险，保证金融消费者在选择金融产品时，得到准确、全面、及时的信息。消费者金融保护局有权监管资产超过100亿美元的大银行、储蓄协会和信用合作社，并对这些机构交易的金融产品进行风险测试。

回顾八年来美国金融监管生态环境的变化，美国消费者金融保护局的地位举重若轻——2016年因涉嫌虚假开户重罚富国银行1.8亿美元；取消银行颇为隐蔽的收取存款用户的账户透支费；规范净化了学生贷行业；颁布《现金贷监管法》；提出金融数据共享指导意见等。自成立以来，美国消费者金融保护局为金融消费者挽回了120亿美元。

在这些成就背后，金融素养教育自始至终都是该局使命的核心组成部分。美国消费者金融保护局的第一个法定目标是确保"向消费者提供及时、易懂的信息，让他们对金融交易作出负责任的决定"，第一个法定职能是"开展金融教育项目"，以"让消费者更好地作出明智的财务决策""提高消费者的金融知识""为特殊人群（军人、老年人、传统上得不到充分服务的消费者以及学生）开展以金融安全和包容为重点的项目和活动"。例如，美国消费者金融保护局单设老年人金融保护办公室，专门针对62周岁以上的老年人进行金融消费保护。针对老年人容易遭受到的金融风险进行提示和帮助。2013年6月发布的《老年人智慧理财防骗指南》，列举了老年人易遭受金融侵害的类型及诈骗形式，并提供具有可操作性的防骗忠告。同时，在消费者金融保护局的官方网站上，还有针对老年金融消费者防骗的专门板块，演示不同的诈骗方式。

2018年5月，《经济增长、监管放松与消费者保护法》取代《多德—弗兰

---

① 穆迪、标普等信用评级机构未将系统性风险纳入评级模型，导致对高风险次级抵押贷款支持证券的评级失误是引发全球金融危机的原因之一。究其深层原因，信用评级机构"发行方付费"的商业模式及其带来的道德风险难辞其咎。为了加强对评级机构的监管，法案提出了多项要求：第一，评级机构要提供更加全面的信息披露，降低评级机构与被评级机构及承销商之间的利益相关度；第二，授权投资者起诉失职的信用评级组织；第三，金融监管机构开发自己的信用评级标准；第四，在证监会下设立信用评级机构办公室，通过加强对信用评级机构的监管，保护金融投资者利益。

克法》，在"金融去监管"的思路下，更加强了金融消费者权益保护。例如允许金融机构通过提供电子授权方式验证消费者信息；延长欺诈警告展示期限，提供信用报告安全冻结服务；加强对学生借款人和学生贷款联保人的消费者保护。

根据美国消费者金融保护局《2018 年年报》，截至 2018 年 12 月，超过 990 万人使用了该局的网络或纸质教育资源；在使用该局的 Ask CFPB 工具回答有关金融问题的受访者中，84.1% 的人认为这些问题和相关答案"有用"；培训了 26 815 名当地和区域性专业人士[①]，协助他们提供金融培训资料；与 2 106 家图书馆签约成为当地的金融教育中心；金融教育者在提供金融教育服务时下载近 4 万篇论文或其他材料；超过2 100人开通了该局推荐的金融机构"关爱老人"的账户功能。

表 1　　　　美国消费者金融保护局金融素养教育具体措施（2018）

战略一：向公众提供金融教育		
直接针对金融消费者	ASK CFPB 数字资源网站	
	财务状况调查	
	理财决策工具	买房
		大学学费
		汽车贷款
		退休计划
	信用评分	
	MAYG 儿童理财教育	
	纸质材料	
社区渠道	图书馆社区教育	
	YMYG 教练培训	
	军人在线金融教育	
	YES 青年成功就业	
	MOSA 老人智慧理财	
	税收储蓄	
	金融辅导培训	
战略二：与金融教育者分享有效的金融教育研究		
研究成果	通往财务幸福之路：研究概要	
	财务技能量表用户指南	

① 这些专业人员包括成人金融教育工作者、军事领导人、K－12 教育工作者、图书管理员、税务专业人员和志愿者、地方领导人、社会服务提供者、服务老年人的人员和致力于预防虐待老年人的人员。

续表

战略二：与金融教育者分享有效的金融教育研究		
分享渠道	金融教育者在线交流	
	K – 12 教师平台和工具	助力青少年提高金融能力
		数字复习课程
		教师指南
战略三：解决金融包容性和安全性		
军人	指导军事生涯中的财务安全	
	技术支持	
老年人	关爱老人银行业务实践	
	预防和应对老年人网络欺诈	
	老年人理财教育信息在线	
传统金融服务 不足的消费者	增加无形信贷渠道	
	储蓄和理财研究支持	为高等教育储蓄
		税收储蓄
学生	了解学生贷款偿还方案	
	为法律服务提供者、高校提供研究支持	
	协助学生申请贷款	
农村消费者	相关本局项目	
	网络和拓展	与美国农业部国家粮食和农业合作 推广服务研究合作，培训农村图书馆员

数据来源：https：//files. consumerfinance. gov/f/documents/bcfp _ financial – literacy _ annual – report _ 2018. pdf.

（三）英国

英国于 2001 年实施《金融服务和市场法》，设立了英国金融服务监管局（FSA）、投诉专员办等机构，形成了一套较为完善的金融消费者保护体系。FSA 以"适度保护消费者"作为工作目标之一，承担对零售金融市场的监管、金融消费者保护的研究及金融消费纠纷的投诉和仲裁工作。针对金融欺诈，FSA 提出了金融产品的"合适且合理"（fit and proper）原则，并在金融危机后期采取了一系列措施。

一是加强对借款人的保护。2009 年 11 月 1 日起，从直接信贷、支付、存款账户到交易和利率变更等方面，加强了对银行及房屋互助协会与客户日常接触的监管。2010 年 1 月，要求不得对提前还款收取费用和利息、必须考虑借款人可能出现的各种情形、客户的还款必须优先用于偿还欠款而不是罚息等，确保按揭贷款人免受欺诈。

二是加强事后投诉处理的信息披露和消费者赔偿。2010 年 1 月宣布将要求银行等金融机构在规定时间前公布如何处理消费者投诉，并提出加快银行破产后金融服务赔偿计划（FSCS）对客户的赔付期限。客户在 7 天内得到赔偿，简化赔偿程序，进行总额赔付，提前向客户说明参与赔偿计划的产品。

三是把是否有效保护消费者利益作为重要的评价指标。目前，平等对待客户（TCF）是 FSA 对零售金融产品的监管导向，从 2009 年起，被纳入其 ARROW 评级内容。

四是加强事后追偿和惩罚。2009 年 7 月英国财政部公布的《改革金融市场》白皮书提出，对消费者造成损害的金融服务和产品，消费者有权向有关金融机构追讨损失。FSA 对一些采取高压销售策略、不能公平对待消费者的公司进行惩罚甚至关闭，对证券欺诈加强警示和案件查处力度。

另外，专门安排公平贸易办公室（OFT）监管消费信贷领域的公平问题，赋予其一定的行政裁决职能。英国于 2006 年修订《1974 年消费者信贷法》增加的"不公平关系"部分涵盖了平等授信的内容，明确了法院在纠正不公平信用关系中的权力以及诉讼中的相关问题。公平交易办公室还负责监督定价、合同中的不平等条款引发的问题。

在普惠金融方面，英国因 P2P 而闻名。在法律层面，以《消费者信贷法》为依据，将 P2P 网络信贷界定为消费信贷。在监管方面，实行以"行业自律与政府监管相结合"的监管制度，三家最大的 P2P 网络平台自发成立了自律组织——P2P 金融协会，在一定程度上维护了市场规则；金融行为监管局（FCA）将其作为"信贷类众筹"进行监管，2014 年 1 月起实施的《众筹监管规则》也是全球第一部 P2P 网络信贷行业法。

（四）德国

2008 年国际金融危机之后，德国进一步加强了金融领域的消费者保护立法，先后颁布和实施了《财产投资法》《资产投资法》等重要的法律制度，保护金融消费者的合法权益。尽管如此，随着互联网理财产品的滥觞，普通金融消费者在不具备风险识别与损失承受能力的情况下，大量投资于较少受到监管的灰色金融市场。德国国内集中爆发了多起通过平台发行互联网金融理财产品的知名企业破产，导致金融消费者投资血本无归的风险事件。

为解决上述问题，从根本上改善金融消费者保护状况，德国政府于 2014 年 5 月 22 日颁布了《联邦政府金融消费者保护行动计划》：一是采取措施填充法律漏洞，提高金融产品的透明度，增强机构的信息披露，切实改善散户投资者的保护；二是增加金融消费者通过调解等非诉讼方式解决与金融机构纠纷的途径，相关信息与德国金融监管局共享；三是提高金融消费者付费咨询的质量，并将其从理财产品拓展至保险和信贷等领域；四是通过法定形式确立德国金融监管局保护金融消费者整体利益的目标，其他消费者保护组织履行市场监督职责；五是实现普惠金融，保障金融消费者获得基本银行服务的权利。

四、我国信贷领域金融消费者保护现状与问题

审视我国当前信贷金融消费者保护的现状，可以发现无论是在理念上还是制度上，都与成熟金融市场国家有较大的差距。

（一）规制欠缺：信贷领域的金融消费者保护法律尚不健全

1. 法律定义欠缺

信贷领域的金融消费者保护并不是全新的话题。但是，由于当下信贷领域的金融往往具有普惠金融与投资理财的双重功能，准确厘定这一领域消费者概念的内涵与外延具有实际困难，这导致具有法律意义的金融消费者概念始终没有确立起来，影响了法律制度特别保护功能的发挥。

首先，基本立法严重缺失。由于《消费者权益保护法》只是针对一般商品和服务过程中如何保护消费者权利的专门法律，其第 2 条对消费者的定义非常明确，只有"生活消费"才属于该法的保护范围，但信贷行业的一些交易往往具有投资功能，对信贷领域金融消费是否属于"生活消费"的范畴，目前无论是理论界还是实务界都争议较大，对法律的适用设置了障碍。为解决上述问题，《消费者权益保护法》规定了"提供证券、保险、银行等金融服务的经营者应当向消费者提供经营地址、联系方式、商品或者服务的数量和质量，价款或者费用等信息"，似乎意味着立法者将"生活消费"拓展至个人或者家庭财产保值增值领域，但是这种隐晦与模糊的表达必然影响司法的稳定性与统一性，法律实施过程中，各地法院在多大程度上认可互联网金融消费尚待观察。此外，互联网金融消费涉及技术性较强的互联网和专业性较强的金融商品和服务，传统的消费者权益保护法律制度无法给出具有针对性的回应，保护性法律的可适用性被大大削弱。与此同时，包括《商业银行法》《证券法》《保险法》《信托法》等在内的金融法律体系，相对于蓬勃发展的互联网金融存在严重的滞后并具有很大的局限性，对互联网金融消费者保护鲜有直接涉及，或者是只作原则性规定。[①]

其次，特别立法层级较低。《关于促进互联网金融健康发展的指导意见》作为构建互联网金融监管体系的基础性法律文件仅属多部门联合发布的规范性文件层级。[②]确定规范互联网金融发展基本框架的《国务院办公厅关于印发互联网金融风

---

① 潘思华. 互联网金融消费者权益的法律保护 [J]. 消费经济, 2014 (5).
② 李勇坚. 互联网金融视野下的金融消费者保护 [J]. 银行家, 2015 (11).

险专项整治工作实施方案的通知》性质上属于国务院规范性文件。目前已经出台针对互联网支付（《非银行支付机构网络支付业务管理办法》）、比特币（《中国人民银行、工业和信息化部、中国银行业监督管理委员会等关于防范比特币风险的通知》）、股权众筹融资（《股权众筹风险专项整治工作实施方案》）等的监管制度，基本属于规章和其他规范性文件，效力层级较低，且过于抽象，缺乏可操作性。此外，相对于效力层级较高的法律而言，部门规章和规范性文件往往由各主管部门牵头起草，缺乏明确具体的时间规划，导致信贷领域金融消费者保护的立法往往让位于监管部门的日常工作。时至今日，互联网基金销售、互联网保险、互联网信托、互联网消费金融的高层级的国家立法均尚未全面展开。

2. 理念欠缺

当前监管机构出台的规定，侧重点主要集中在对信贷金融（中介）机构及其经营行为的合规要求方面，无法对信贷金融消费者的合法权益形成正面而直接的保护。当信贷金融机构违反相关监管要求，损害消费者合法权益时，因为条文并未赋予信贷金融消费者直接的民事请求权，导致其无法以之为依据主张损害赔偿。立法理念的偏差与立法层级的局限导致监管部门在规制互联网金融市场时，多偏重运用行政责任和刑事责任予以制裁，民事救济制度甚为薄弱，无法充分调动信贷金融消费者主动维权，直接监督信贷金融业务的不法行为。

（二）违规操作：信贷平台机会主义行为泛滥

1. 对借款人的机会主义行为

由于不完全性和信息不对称，在信贷业务中，信贷机构会产生逆向选择和道德风险行为。在各个业务环节中，具体有如下表现形式：

第一，激进营销和推送式营销。平台对员工、第三方和代理商的绩效激励机制导致信贷工作人员一方面采取激进营销方式，尤其是在未经客户允许的情况下使用营销短信、邮件等。另一方面过度销售信贷产品，例如"极速贷款申请"这种推送式营销方式不能让借款人有时间对金融产品进行考虑、理解和决策，而是注重尽可能多地放贷，会鼓励客户借入可能获得的最大额度，而不是符合他们当前需要的额度。

第二，没有良好的信息披露。实践表明，无论教育程度如何，借款人对贷款条款的理解度都偏低。有些信贷平台揭示风险不充分，例如，故意不告知逾期还款要支付罚金，借款人在放款阶段才被告知有手续费、申请费。同时，有些信贷平台没有用简单的语言解释相应条款，例如，对可变利率贷款，没有清楚地示范说明不同情况下的定价收费标准，包括悲观预测下的场景；在签署贷款合同时信贷平台没有清晰地解释担保条款，使借款人以为机构可以随之拿走担保物。无论是故意还是疏忽，都造成借款人理解不足。

第三，风控过于依赖抵押物或大数据。正确的借款人信用评估，是信贷金融机构销售产品和提供服务的基础。但有些平台没有认真定义和充分评估贷款准入条件和明确的最高负债限额，而是过于关注抵押（如储蓄账户等），对客户还款能力的分析却很匮乏。基于算法的借贷模型通常更看重过去的还款趋势，而缺乏对客户当前还款能力的评估，这在违约率高的地区、贷款额度较大的时候很可能导致问题。不仅借款人因此而过度负债，也会对金融机构/平台造成负面影响，如准备金占用机构资金资源，无法用于放贷；机构形象和贷款质量受损。

第四，在资金出借时，出于对盈利的追逐，部分信贷平台对金融产品的定价不负责，并且故意提供高利率的产品，而非充分考虑借款人的特征，向其提供还款计划灵活、匹配现金流的产品。例如，小额农贷的理想客户应该持有很好现金流的副业项目，回报率较高，因此利率也比商业利率高，往往是一周或一个月收一次款，一笔贷款要收 12~50 次。但部分平台却将资金出借给回报率低的项目，如种水稻、买化肥等大田项目，最后导致贫困农民更无法承受高利率。

第五，在催收环节作出不恰当的贷款清收行为。在平台内部，员工依靠胁迫恐吓来清收贷款，而不是靠良好的贷后管理。例如，频繁的电话、深夜电话、社交媒体骚扰、以刑事诉讼或起诉来威胁客户。同时，对外包债务清收公司缺乏监督和管理，甚至发生腐败行为，对客户的歧视性、攻击性或伤害性行为。

2. 网贷平台对出借人的机会主义行为

第一是未正确进行信用评估，借款人违约损害出借人的合法权益。根本原因是，目前网贷机构普遍只向借款人收费却对出借人免费服务，而加强借款人的风控会增加网贷机构的成本。作为营利性机构，在与出借者存在利益冲突的情况下，网贷机构出于自身利益的考虑，不可能站在出借者一边。在操作上，网贷机构可以要求金融消费者线上确认相关风险测试中的选项和接受风险告知书的方式规避法律风险。在缺乏有效监管的情况下，有关评估客户的规定不仅没有维护金融消费者的合法权益，反倒成为互联网金融机构撇清责任的托辞。

第二是风险揭示不充分。从行为金融学的角度出发，金融消费者在面对收益与损失时，会表现出截然不同的态度。由于极端厌恶损失，出借人往往会对互联网金融机构详细揭示的各类风险尤其敏感，最终决定不投资或者少投资。相反，如果对风险模糊处理，则可以避免出借人对风险的天然厌恶，提高金融机构的盈利能力。在不存在明确具体的风险揭示内容、强有力的惩戒措施，或者不能保证监管效率的情况下，网贷机构没有动力向出借人充分披露风险。

第三是夸大宣传收益率。金融产品的盈利具有不确定性，其最高收益率仅是一种理论上的可能性，实现的概率亦因不同的产品设计而不同，而普通投资者对此并不了解。网贷机构通过不当宣传手段造成出借人的误解和过高期待，损害了出借人的知情权。同时，即使出借人完全理解高收益率仅仅是极特殊情形下的个别事件，也可能因为对行为结果不可避免地过于乐观，而作出与其实际风险承受能力不匹配的投资选择。另一方面，网贷机构为迎合出借人的投机心理，自然会借助历史上极端情况下的高收益率，夸大宣传金融产品的收益能力，吸引尽可能多的线上客户。

第四是自律监管难以落实。网贷机构的盈利情况，主要取决于收取客户佣金的总额，出借人的实际损失很大程度上并不影响其盈利。同时，由于法律的空白和外部监管的无力，网贷机构通常缺乏进行自律监管的动力。实际上，在尚不成熟的P2P网络贷款市场，严格执行监管红线，规范自身经营行为，促成客户理性投资，会严重影响信贷金融机构的经营业绩。这导致网贷机构纷纷向底线竞争甚至无底线竞争，自律监管在商业利益面前沦为空中楼阁，损害出借人权益的情况有增无减。

（三）监管重叠："一行两会"监管标准不统一

在"一行两会"监管模式下，各监管部门出于不同的考虑，对所属监管对象的监管要求不尽相同。网络银行、互联网信托公司、网络消费金融公司、网络小额贷款公司、网络信贷信息中介机构、股权众筹融资、网络基金销售、互联网保险等分别按照各自所属监管部门的要求来销售金融产品、提供金融服务，导致在当前信贷金融滥觞、不断交叉创新、综合化经营趋势日益明显、金融产品和服务界限不断模糊的情况下，类似性质、相近类型的产品，在不同平台上适用的监管标准却宽严不一的结果。随着中国互联网金融市场的不断发展壮大，各类型信贷金融机构之间的竞争也愈演愈烈，同时，传统金融机构逐步向全面互联网化和混业化转型，也可能通过互联网金融的外衣绕过传统分业经营的监管藩篱，流向金融监管的洼地，危及金融消费者的利益。

此外，"一行两会"虽然都具有相应的监管职责，但保护金融消费者权益的工作有待进一步强化。[①] 互联网金融风险高，监管难度大，如果职责不清晰，中国语境下的信贷金融消费者保护就可能落入竞相推诿的尴尬境地。监管真空、监管套利、监管竞争现象的大量存在，在一定程度上限制了监管功能的实现。国务院金融稳定发展委员会如何发挥行为监管职责，解决上述问题，推动互联网金融消费者保护，尚待破题。

（四）机制欠缺：现行制度难解消费者维权难

金融消费者维权，当前仍然是无解的难题。整个信贷金融消费纠纷处理机制存

---

① 胡光志，周强. 论我国互联网金融创新中的消费者权益保护［J］. 法学评论，2014（6）.

在严重不足，现有的监管机构和行业自律组织应对金融消费者的维权问题给予高度关注。

1. 消费者保护机构设置存在先天不足

中国并没有一个针对金融消费者的独立保护机构。各级消费者协会的工作主要侧重于消费者对非金融性的有形商品消费和劳务消费的保护。此外，由于金融产品和金融服务相对复杂，具有很强的专业性和风险性，受协会工作人员知识结构的限制，普通消费者协会对保护金融消费者权益即使有心，往往也无力承担这一职责。"一行两会"内设的金融消费者保护机构主要工作是一般性地推动金融机构完善消费者保护机制和进行消费者保护宣传，缺乏针对信贷金融机构的影响力与监督和指导的能力。

2. 行业自律组织无法落实到金融机构层面

中国支付清算协会、银行业协会、证券业协会、保险行业协会等自律机构虽然已经成立多年，但是由于制度、机制、监管等方面原因，行业协会的行为监管功能没有很好地发挥，在金融消费者保护问题上的作为非常有限。中国互联网金融协会自成立至今，时日尚短，其基本职责包含"制定互联网金融领域业务和技术标准规范、职业道德规范和消费者保护标准，并监督实施，建立行业消费者投诉处理机制"等类似内容，在收到举报后，协会一般会转交相关部门处理，其惩戒措施只能涵盖到成员机构，这都决定了互联网金融协会作为空间亦十分有限。地方各类互联网金融协会也有明显的局限性。例如，各地网络贷款信息中介机构协会由具有特殊利益的 P2P 信息中介平台集合而成，与互联网金融消费者群体的利益存在天然的对抗，缺乏动力涉足网络贷款金融消费者保护问题。最为重要的是，这些行业协会的建立得益于监管机构的协调，与监管者具有天然的紧密联系，但是缺乏监管者特有的惩戒手段，难以有效制衡协会成员。

（五）救济困难：诉讼成本与收益不成比例

考虑到当前大量信贷金融领域的风险事件都涉及刑事犯罪，司法机构先刑后民的程序安排，在很大程度上影响了信贷金融消费者的损失及时获得民事救济。此外，我国现行诉讼法律规定的不足使得法院无法正常发挥其对于金融监管机构进行司法审查的作用，同时，信贷金融案件涉众特征也在一定程度上造成了法院对待此类案件的回避态度，这些也直接影响到了信贷金融消费者合法权益的保护。

1. 借款人

根据 2015 年 9 月《最高人民法院关于审理民间信贷案件适用法律若干问题的规定》，人民法院对双方约定的利率未超过年利率 24%，出借人要求借款人按约支付利息的予以支持，对利率超过年利率 36% 的，超过部分的利息约定无效。但是，当面对一些网贷平台的利率超出了法律支持的范围，借款人要进行维权，无论是渠道、途径还是成本，都远不能与信贷机构/平台相抗衡。主要有如下三个方面的表现：

第一，互联网金融是新业态，案件归谁管辖的问题并不统一。首先，警方不受理借贷纠纷。国家有关部门相继出台了一些通知和意见，如《公安部关于公安机关不得非法越权干预经济纠纷案件处理的通知》《公安部关于严禁公安机关插手经济纠纷违法抓人的通知》《最高人民检察院办公厅关于对合同诈骗、侵犯知识产权等经济犯罪案件依法正确适用逮捕措施的通知》《最高检关于充分发挥检察职能依法保障和促进非公有制经济健康发展的意见》，限制了公权力的滥用，公安及检察院对经济案件的立案侦办一直处于审慎态度。其次，2018 年 9 月，最高人民法院印发《关于互联网法院审理案件若干问题的规定》，明确了互联网法院集中管辖所在市的辖区内应当由基层人民法院受理的特定类型互联网案件，如"互联网金融借款、小额借款合同"纠纷等与金融机构、小额贷款公司订立的借款合同纠纷，并不包含 P2P 网络借贷平台，互联网法院也不受理 P2P 借贷纠纷。也就是说，像 P2P 借贷纠纷这样涉案人数众多、取证质证复杂的案件只能由普通法院处理。

第二，普通法院诉讼专业化程度不足，周期长、执行难。早在 2008 年 11 月，上海浦东新区法院就率先创设了全国首个金融审判庭，启动了集中审理金融案件的试水步伐。其后，北京、上海、山西、陕西、浙江、广东等多地法院纷纷跟进，陆续设立了金融审判庭。2018 年 8 月 20 日，上海金融法院也正式挂牌成立。但是，收案范围仍未统一。从各地的情况看，审判尺度不尽统一、专业水平参差不齐等，已成为金融审判的瓶颈。尤其是，不少金融案件的判决都是影响交易和监管的重要判例，而金融审判专门化程度不足所导致的诉讼进程不一、审理周期拖宕、审判结果不定等弊端，却很难实现稳定金融市场的预期。另一方面，随着金融产业的飞速发展，直销银行、无人银行、资金池、增信、代持、互联网众筹、互联网理财等金融创新业务不断涌现，金融纠纷的数量和类型不仅进一步激增，而且呈现出前所未有的复杂局面。

第三，在小额个人短期借款领域，一般是金额为 5 万元以下额度，期限为月度分期或者随借随还，主要客群为金融能力弱势群体。在这种模式之下，门槛越低、期限越短，利率就越高，借款人逾期风险越大，信贷机构/平台的利润就越大（借款人在贷款到期后往往无法正常还款而造成逾期，又面临一笔高额的逾期费用）。对借款人来说，极易面临强行放贷、强制逾期、分单、数据倒卖、暴力催收等问题，甚至出现"裸贷"的威胁。但这些小额借贷因为涉及纠纷的金额很小，与投诉成本不成比例。

第四，在个人信息保护方面，没有实施举证责任倒置。也就是说，当用户个人信息被泄露之后，还要自己承担举证责任，但多数情况下，借款人很难取证。

2. 出借人/投资者

大量网络贷款平台对于借款人及资金使用信息披露非常有限，导致网络贷款的出借人无法判断借款人风险等级，同时平台明确表示不承诺保证客户本金的安全，导致网络出借人在遭受投资损失时很难依据违反合同追究网络贷款中介机构的责任。即使信贷金融机构在营业时，未能完全履行监管机关要求的法定义务，由于投资者在取证、举证方面都处于不利地位，而且单个出借人的损害通常不是很大，考虑到诉讼成本等问题，出借人很少也很难通过诉讼的途径使损害获得补偿。[①]

（六）维权渠道被利用进行逃废债

信贷行业具有特殊性。对绝大部分行业而言，客户基于购买行为，获得达到商家承诺质量的商品或服务；而对信贷行业来说，客户获得贷款后，信贷关系才正式生效且客户负有按合同约定还款的义务。有部分借款人利用各种维权渠道和互联网平台制造事端，恶意违约拒不履行还款义务。甚至出现了大量反催收组织，专门唆使借款人用各种手段逃避债务。反催收组织正快速增多，毫无成本的恶意投诉现象已经愈演愈烈。一些互联网投诉平台的运行机制是匿名投诉、平台不审查真实性即发布、以投诉人满意为最终结果，显然有机可乘。少数不良媒体不尽事实审查核实义务与恶意投诉人形成黑色产业链，以写负面报道要挟索取钱财。

因此，虚假、恶意维权和投诉一方面浪费了消费者保护资源，另一方面越过了法律边界侵害了贷款企业的合法利益，也容易阻碍监管视线造成政策误判、一刀切。

五、中国信贷金融消费者保护机制的重构：改革与建言

对信贷金融消费者权益的保护，不仅要借鉴国外成熟经验，更应充分考虑我国金融市场的发展阶段，在坚持一定前瞻性的同时，着眼于为已经暴露出来的突出问题提供解决方案。具体而言，主要包括以下八个方面。

（一）明确定位：政府、行业组织、企业和媒体的角色和法律边界

信贷金融（中介）机构作为以追求利益最大化为目标的营利性商业组织，始终在信息占有与经济地位方面处于优势，在没有外部规则约束的情况下，根本没有动力维护其交易对手方（信贷金融消费者）的基本权益。因此，司法与监管等国家力量的介入必不可少，政府的角色主要包括金融监管部门权力的运行、司法裁判的开

① 尹优平. 互联网金融消费者保护 [J]. 中国金融，2014（12）.

展。此外，还要充分发挥行业组织的协助调解作用、企业的自律作用以及新闻媒体的监督作用，从而形成比较完善的金融消费者保护体系。

以 P2P 行业为例。应明确 P2P 作为信息中介，只是解决信息不对称的问题，用中介手段为客户、为银行解决信息不对称的金融服务。

在此基础上，第一，P2P 行业组织应通过机制性安排，协助 P2P 平台机构重新设计交易结构——即平台只负责审核借款人的风险偏好、资金用途的真实性、借款人的真实性，给出参考意见，不做刚性承诺，做好平台角色，保障资产合理质量，最后一定要有风险出口，让出借人自己去承担风险。

第二，政府明确要求平台彻底取消发行理财产品，这也是取缔资金池的根本手段，平台只有借款人的借款标，没有理财产品和理财投资标，也无须进行资金银行存管。

第三，行业组织对所有平台进行强制标准化要求——产品标准化、收费标准化、借款人信息披露标准化、数据统计统一口径、时间节点标准化、逾期坏账标准化，并有退出机制安排。

第四，行业组织对准入标准严格把控，包括人员准入和资本准入，如要求平台有一定的风险保证金集中管理，对注册资金必须做到实缴。

第五，政府对平台实行分类指导，分别管理，分级管控。目前很多平台资金已经不是单一的 P2P，还有融资租赁资金、银行资金、信用保险（履约险）匹配资金、机构资金等，对于这样的资金通过 P2P 平台获取资产进行放贷又是如何规范治理，这既是对监管层的考验，也是对平台的规范管理。

第六，媒体充分发挥舆论监督的特殊作用，对保护金融消费者的合法权益十分重要。其监督作用可以通过两种方式实现。一种是常规监督。内容以金融消费调查、金融政策法规、金融产品知识等为主，为保证信息的公平公正，不与商业合作挂钩，以形成良性循环。同时还可以通过新媒体方式配合金融消费者教育。另一种是在特定事件需要施加社会影响时，通过媒体对严重损害金融消费者权益的典型案例进行曝光。但媒体监督在发挥保护金融消费者权益作用时亦有边界，即不越权干预监管、司法职能，尽到基本的事实核实义务，基于事实进行客观公正的媒体舆论监督。

（二）完善规制：压缩信贷金融机构机会主义行为

1. 明确金融消费者法律定义范畴

除了前述联合国贸发会在修订版《联合国消费者保护准则》中明确的"消费者"的定义外，还可借鉴其他发达国家和地区的金融法案。

美国《多德—弗兰克法》将受保护的金融消费者界定为"消费金融产品和服

务的自然人或者代表该自然人的经纪人、受托人或代理人"。

英国《金融服务与市场法》将金融消费者界定为：（1）"那些正在使用、已经使用，或者正考虑使用受监管金融服务的人"，界定较为宽泛。这里所指的金融服务是"被授权人或者其委任代表所从事的受监管的金融活动"。（2）"那些在受监管金融服务中拥有权利和利益的人，或者是拥有因其他人使用这种金融服务而产生的权利和利益的人"。（3）"那些在使用金融服务（由授权人或其代理人提供的）时权利和利益会受到不利影响的人"。在英国金融消费者保护机构——金融服务监管局的《监管手册》中，进一步将受保护的金融消费者界定为"并非出于贸易、商业或职业目的行事的自然人"。2001 年《〈金融服务与市场法〉（受监管活动）指令》则进一步明确，受监管活动具体包括吸收存款、订立并执行保险合同、作为委托人或代理人进行投资活动、安排投资交易、投资管理、协助管理和履行保险合同、保管和经营投资、发送无纸化说明、建立共同投资计划、建立存托养老金计划、提供投资建议、劳合社的活动、葬礼计划合同、受监管的抵押合同、同意开展指定的活动等，并对一些例外的情况，以及在一些特定活动中不受保护的对象进行了说明。此后，《〈2012 年金融服务法〉草案》将监管对象范围扩展为被授权人、电子货币发行商、支付服务供给商。整体来讲，英国金融消费者保护的范围较广。

日本 2001 年的《金融商品销售法》将金融消费者界定为"资讯弱势的一方当事人，即在金融商品交易之际，相对于金融机构的专业知识，一般无论是自然人或法人，基本上属于资讯弱势者"。该法的保护对象，不仅仅是自然人，只要是不具备金融专业知识，即使是法人，也在该法保护范围之内；并且，该法还将"证券"纳入"金融商品"之中，作为金融消费品。2006 年《金融商品交易法》将"证券"扩大到"金融商品"的概念，同时进一步扩大了银行业和保险业的金融商品范围。在新的法律框架下，银行法中与存款有关的商品、保险业法中与保险有关的商品、商品交易法中与商品期货有关的商品、不动产特定共同事业法中有关不动产特定共同业务等，都适用金融商品交易法的相关规定，接受同样的行为规制，以保证行为规则的统一性。

中国台湾地区 2011 年 6 月通过的"《金融消费者保护法》"第 4 条规定："本法所称金融消费者，指接受金融服务业提供金融商品或服务者。但不包括下列对象：一、专业投资机构。二、符合一定财力或专业能力之自然人或法人。"同时，第 3 条规定："本法所定金融服务业，包括银行业、证券业、期货业、保险业、电子票证业及其他经主管机关公告之金融服务业。"从第 4 条规定上看，在财力和专业能力上处于弱势地位的法人也应在其法律保护范围之内，但具备一定财力或专业能力的自然人不在保护范围之内。

在明确金融消费者定义的基础上，对金融消费者保护完善立法。有两种立法模式可供选择。一是分散模式。立法者逐步在《人民银行法》《商业银行法》《证券法》《保险法》《信托法》以及其他相关法律中，有针对性地对各领域涉及的信贷金融消费者保护法律要点加以专门规定，形成相对完整的信贷金融消费者保护法律框架。二是集中模式。颁布统一的金融消费者保护法，借此全面修订和完善现存法律中有关金融消费者保护的内容。

从短期来看，宜从分散模式入手。而集中模式可以在短期提高信贷金融消费者保护相关立法的等级，为信贷金融消费者主张权利提供便利，也可以提高法院审判的稳定性和可预见性。

2. 树立金融消费者保护原则

在金融机构/信贷平台层面，可借鉴安信永"斯玛特客户保护行动"如下七大保护原则：

第一，合理的产品、设计和服务提供。金融机构有责任提供符合客户需求的产品和服务，监控产品、服务、提供渠道的恰当性，有内部政策与书面流程，防止激进营销和强制签订合同。

第二，防止过度负债。认真审核客户的还款能力，要从产品设计上避免过度负债，需要认真定义和评估贷款准入条件，并设置明确的最高负债限制。同时，需要合理地制定放贷目标、设计绩效机制；高管需要注意监督贷款质量，及时应对问题。

第三，信息透明。金融机构需要以客户能理解的语言和方式，提供清晰、充足、及时的信息，以便客户在充分知情的前提下作出决策。

第四，负责任定价。金融机构定价、条款和条件的设置要同时满足客户可承担和金融机构可持续两个条件。管理者有责任审查内部定价政策，以及分析定价因素。

第五，公平对待和尊重客户。金融机构及其代理需通过道德行为准则，提倡和规定用尊重的方式对待客户。禁止歧视性贷款，清楚规定恰当的内部员工和第三方对不良贷款的清收方式，确保系统能有效地防止和发现欺诈，保险索赔要公平和及时地处理，对机构是否践行尊重和公平对待客户原则进行有效管理和监督。

第六，客户数据的隐私和安全。金融机构需要符合当地关于数据隐私的法规，客户信息只能以在数据收集之时客户同意的方式使用。要确保稳健的数据和系统安全，防止欺诈。同时，对第三方（代理、合同、外包商、债务清收公司等）行为负责，要求其拥有清楚的数据收集和处理规定，限制数据收集的量以及存储的时间。

第七，投诉解决机制。金融机构需要有一套机制来及时收集、分类、分析和回应客户的投诉和建议。包括有效的系统来接收和解决投诉；清楚告知客户投诉的权利以及如何提交投诉或建议的各种渠道。同时，这套机制需要与员工绩效评估和奖励机制挂钩，管理层需要定期检查投诉和建议，以不断提升产品和服务的质量。

在政府监管层面，有如下四大保护原则：

第一，金融消费者保护和教育并重的原则。金融消费者教育有助于普及金融知识，提高金融消费者的风险识别和判断能力，并有助于预防风险的发生。

第二，倾斜保护原则。表面上金融消费者与金融机构/借贷平台是完全平等的主体，但两者存在着实际的强势弱势之分。因此需要由"倾斜立法"和"保护弱者"两个方面通过公权力来调节不平衡。在两者对话协商的能力受到很大限制的情况下，以形式上的不平等的方式来确立实质上的平等。

第三，区别保护原则。互联网金融具有明显的涉众性、群体性、区域性和系统性的特征，风险一旦触发，很容易成为群体性事件的导火索，严重危及金融系统乃至社会稳定。这是与传统金融最大的区别，在此基础上的金融消费者保护也必然与传统金融消费者保护有区别。尤其是风险防控，防止资产假出表；加强信息披露；提高底层资产透明度，防止道德风险。

第四，适度保护原则。在倾斜保护的时候，不能一味地强调对金融消费者的倾斜保护而忽视对于金融机构合法利益的关注。这种利益失衡的倾斜保护不仅不会起到对金融消费者倾斜保护的作用，还会对金融消费者的利益造成很大的影响。金融机构的成本超过其承受的限度，必然会导致金融产品和服务的无效率。因此，需要考虑双方之间的利益均衡问题，防止金融消费者侵害金融机构利益。

（三）深度监管：建立统一的独立金融消费者保护机构

自 20 世纪 90 年代起，对金融消费者进行全面、系统保护的理论就逐步渗透到一些国家的金融监管体制设计和改造中。1995 年，米歇尔·泰勒（Michael Tylor）提出"双峰"（Twin Peaks）理论，认为金融监管存在两个并行目标：一是维护金融体系稳定，二是防止和减少消费者受到欺诈和其他不公正待遇。一国应成立两个独立的机构，分别进行审慎监管和金融消费者保护。英国目前正在进行的金融监管体制改革，背后的深刻理论基础即是"双峰"理论。"双峰"理论后又演变成实质上的"三峰"理论，即中央银行负责制定货币政策和宏观审慎监管，另设两家平行的机构分别行使微观审慎监管和金融消费者保护职能。1999 年，克莱维·布里奥特（Clive Briault）则提出了"超级监管"理论，认为应由一个机构统一行使审慎监管和金融消费者保护职能。

鉴于我国"一行两会"体制下的机构性监管模式，难以适应金融服务业逐渐走向混业经营的现实情况，2017 年全国金融工作会议推动我国由机构性监管模式向功能性监管模式①改变。事实上，功能性监管模式亦并非毫无缺陷，美国在其1999年的《金融服务现代化法》中提出并采用的就是功能性监管的模式，但在金融危机之后，美国通过重新审视其金融监管体制架构，强调"无盲区、无缝隙"的全面监管理念，着力解决金融监管机构之间的协调和制衡问题，以期构建更为完整的金融消费者保护体系。

目前互联网金融监管采取了根据传统金融监管对象相似度在"一行两会"层面进行行业细分的模式。具体而言，根据《关于促进互联网金融健康发展的指导意见》确定的分工，监管机构必须制定和完善交易规则，细化信贷金融机构履行诚信义务、告知义务、提示义务、守密义务的具体标准，以改变目前信贷金融消费者保护交易规则监管缺位、内容薄弱、体系零散、偏重原则性规定的现状。由于这种划分只能在信贷金融各种业态逐步稳定情况下才能够进行细分，难以及时有效地监管创新性或者综合性互联网金融。此外，监管机构对信贷金融发展和创新中出现的消费者保护问题缺乏足够的关注和敏感，难以准确对信贷金融业务创新可能给金融消费者带来的损害进行预测，并及时制定交易规则来防范信贷金融机构在业务创新中以所谓"风险自负""行业惯例"等名义侵害金融消费者的权益。

从长远的角度看，如果条件成熟，设立一个综合性的金融监管机构无疑是金融混业经营趋势下，能够实现有效监管的最佳方式。建议把金融消费者保护职能从"一行两会"中抽出，建立统一的金融消费者保护机构，从而投入更多的监管资源对互联网金融机构在金融消费者保护层面进行规范，对其遵守相关规则的情况进行检查。比如，借鉴美联储的做法，开展定期的现场检查，对金融机构经营的合规性进行连续性评价，并将评价结果作为业务准入的义务之一。②

（四）扩展外延：赋能金融消费者，提升金融能力

应遵循"预防为先，教育为主"的原则，将消费者权益保护工作由事后的被动解决纠纷向事前的积极预防转化。建立金融消费者能力提升机制，提升消费者金融素养及自我保护能力是实现这种有益转化的关键因素。2015年，《国务院办公厅关于加强金融消费者权益保护工作的指导意见》明确要求：教育部要将金融知识普及教育纳入国民教育体系，切实提高国民金融素养。但从目前进展情况看，将金融知识教育纳入国民教育体系的要求尚未落地实施。

建议尽快落实将金融知识教育纳入国民教育体系。建立由教育部牵头，财政

---

① 功能性监管是与机构性监管相对应的监管模式，指基于金融产品的基本功能进行监管，该种监管模式的优势在于能够实现跨产品、跨机构、跨市场的监管，减少监管机构之间的监管冲突和盲区。
② 马洪雨，康耀坤. 危机背景下金融消费者保护法律制度研究［J］. 证券市场导报，2010（2）.

部、人民银行等管理部门共同参与的国民金融教育工作机制，研究制定国民金融知识教育的具体方案，明确工作目标、任务和保障措施，组织设计课程内容和编写教材，培养金融教育师资，确保教育经费的落实。

同时，应针对不同年龄人群设计侧重点不同的金融知识课程和读本。特别是对青少年的金融知识教育，在小学阶段，应重点学习基本金融概念，认知生活中基本的金融现象，初步掌握金融基础知识；中学阶段应结合青少年逐步接触社会生活的特点，重点培养其财务管理能力，树立正确的金融消费、理财投资和风险防范意识；在大学阶段，应将金融知识课程纳入必修的公共科目，培养学生形成相对完整的金融知识体系，形成科学的金融理念。

此外，定期开展国民金融知识教育的调查和评估。建议由教育部联合人民银行建立学校金融知识教育的定期调查评估机制，定期对学生的金融知识水平开展调查，跟踪评估金融知识教育效果，及时总结经验和发现不足，实现国民金融素养持续提升的最终目标。

（五）降低成本：构建公正透明的纠纷处理机制

虽然信贷金融消费者在合法权益受损时可以通过诉讼途径来寻求保护，但是出于诉讼成本与结果不确定性等方面的考虑，如果权益受侵害程度并不严重，或者受损金额有限，同时又没有充分的胜诉把握，信贷金融消费者往往会选择放弃法律救济。另一方面，信贷金融产品种类繁多，涉及面甚广，法院受理的具体金融产品纠纷背后，往往涉及极其庞大的受害者群体。由于司法资源十分有限，我国又没有建立起完善的集团诉讼制度，法院审理案件的压力非常大。如果能以更温和、有效的方式将矛盾化解，使纠纷不至于诉至法院，则对信贷金融消费者、信贷金融机构以及司法机关来说，都百利而无一害。但是上述设想成立的前提在于，该纠纷解决机制的成本相对于诉讼而言更低。

有鉴于此，在信贷金融消费者投诉程序设置方面，可以遵循先内部解决，达不到满意结果时才诉诸外部程序处理的原则，即建立一个公正、透明的纠纷解决机制。该机构实际上类似于网上金融消费者调解与仲裁组织，可以由独立的法人企业负责运营。一旦信贷金融消费者与信贷金融机构无法私下达成和解协议，则信贷金融消费者单方可以提请信贷金融消费调解与仲裁组织解决纠纷。网上调解员与仲裁员可以由金融监管机构代表、金融机构行业协会代表与金融消费者代表三方构成。该组织的日常经费应由金融监管部门在对侵害消费者权益的金融机构进行行政处罚的罚款中抵扣。这样，一方面降低了纠纷解决的成本，另一方面也可以对互联网金融机构进行一定威慑，即如果无法与互联网金融消费者私下和解，导致事态进一步扩大，一旦涉及违法行为，则可能面临严重的行政处罚。同时，由于该纠纷解决机制有信贷金融消费者代表参与其中，并定期公布纠纷案件的类型与解决情况，可以在一定程度上提高纠纷解决机制的透明度和公信力。

为进一步发挥该纠纷解决机制的潜在功能，还可以建立能够公开查询的消费者投诉信息数据库，根据消费者投诉的次数和所涉及金额进行分类、调查、核实、调解，并通过定期的信息分析，识别潜在的信贷金融消费者保护问题，为金融消费者保护法律制度的制定和完善提供参考。这有利于及时发现信贷金融机构的运营风险，对于非法集资、非法吸收公众存款等信贷金融领域频发的违法犯罪案件的预警也大有裨益。

（六）便利诉讼：保障信贷金融消费者维权

如上文所述，金融消费者保护问题仅仅在《消费者权益保护法》中获得部分的体现，导致信贷金融消费者诉诸消费者保护的基本法寻求权利救济的难度非常大。更何况，在现有法律制度下，信贷金融消费者在取证、举证方面都处于不利地位，而且个体损害通常不是很大，考虑到诉讼成本等问题，投资者很少也很难通过诉讼的途径使损害获得补偿。

在这种情形下，立法者可以着眼于当前信贷金融消费者的诉讼弱势地位，建立区别于普通消费者的保护机制，建立针对信贷金融消费者保护问题的特别诉讼制度，包括结合《最高人民法院关于审理消费民事公益诉讼案件适用法律若干问题的解释》，由法律规定或者全国人大及其常委会授权的机关和社会组织（如消费者协会或专门的互联网金融消费者保护组织）提起的互联网金融消费民事公益诉讼。由这些机关和社会组织为公共利益需要，以代表人身份向法院起诉，确立消费者代表诉讼对同类信贷金融产品纠纷具有普遍适用性，并为信贷金融消费者诉讼设立特殊的程序与证据规则等，以提升信贷金融消费者维权的可行性。通过完善上述司法制度，信贷金融消费者整体的维权成本将大幅度降低。

此前，作为个体的信贷金融消费者为了维护自身权益，往往需要搜集大量资料，整理有关法律规定，分析业已公布的类似案件的法院判决，为此，信贷金融消费者维权要负担大量的人力与物力。在诉讼代表人担任此项任务之后，由于专业人员具有相对充足的背景资料，经常性地处理类似互联网金融纠纷，可以在相对较短的时间内对案件事实和法律问题作出基本判断，节约了交易成本，并能运用公共资源解决典型互联网金融维权案件，从而减少信贷金融个人消费者的负担。自此，信贷金融消费者仅仅需要将相关纠纷向相关机关和社会组织进行报告，后续大量工作都可以由专业人士完成。

（七）主体匹配：建立完善的信贷行业分级机制

金融消费者在接受信贷金融产品及服务时，受制于专业知识的缺乏和信息掌握的缺陷，极易非理性地作出错误的投资决策，为防止信贷金融机构利用信贷金融消费者的非理性行为向其推送那些超出信贷金融消费者认知能力和风险承受底线的金融产品和服务，有必要抬高这些金融产品和服务的准入门槛，实现对普通信贷金融消费者的保护。

通过禁止普通金融消费者参与高风险金融业务而实现对其利益特殊保护的做法，在他国已有先例。针对我国国情，在具体的制度设计上，一要建立信贷金融产品分级制度，根据每类金融产品的特性，根据其风险状况以及容易理解程度，确定相应的等级，杜绝不适宜网上销售的金融产品面向普通金融消费者。二要建立投资者分级机制，根据金融消费者的资产状况、风险偏好、投资决策模式、需求和投资经验等，进行投资者分级，并针对不同的金融消费者提供有针对性的信贷金融服务。为了保证信贷金融产品分级和金融消费者分级的客观性，应该由"一行两会"的金融消费者保护部门共同设立金融产品评级和金融消费者分级的平台。信贷金融产品在向金融消费者发售之前，必须在向其主要监管部门备案过程中申请相应分级。金融消费者应该主动到金融消费者保护平台完成个人的评级，随后才能购买信贷金融产品或者接受信贷金融服务。

信贷金融机构在撮合交易过程中必须保证互联网金融交易实现互联网金融产品分级与互联网金融消费者分级相匹配，限制不合格的信贷金融消费者进入与其风险承受和投资能力不匹配的高风险市场。仅在信贷金融机构明确告知其不符合评级标准，并充分揭示风险情况下，金融消费者仍然坚持购买特定金融产品或者金融服务，则信贷金融机构可以适当免责。此外，应加强有关立法，确保在评估过程中，信贷金融消费者提供的各类材料，原则上应仅仅服务于最终订立的互联网金融产品交易活动，任何超于合同目的范围使用金融消费者个人资料都必须征得本人的书面同意。

（八）关注风险：抓住关键合理分摊成本

保护金融消费者权益也包含有加强金融消费者自己责任承担能力、培养成熟金融消费者的要义。就目前信贷金融的实际状况而言，占据主导地位的是缺乏金融知识的个人消费者。不法信贷金融机构往往利用金融消费者知识与经验的欠缺，通过对相关金融产品进行夸大，制造高收益的市场热点，趁机向金融消费者兜售高风险产品，鼓动金融消费者进行非理性的投资与消费，作为交易对手直接从中牟利，或者赚取代理费用与佣金。中国信贷金融市场违法犯罪行为相对于国外成熟资本市场更为猖狂，主要原因就在于此。

在这样的大背景下，与成本较高的金融消费者个体自我学习相比，由设计与出售信贷金融产品，并具有专业知识的金融机构进行相关互联网金融商品的风险揭示，成本将大幅度降低。该项费用应该由营利性的互联网金融机构支出，而不应该主要由一般纳税人供养的监管机构分担。对于标准化具有证券性质的信贷金融产品，应该根据其性质强制发布详细的产品说明书，并在整个产品存续期进行持续性的信息披露，金融机构违反信息披露业务则应承担严苛的法律责任。金融消费者对于信贷金融产品的投资额度应该受到其个人资产总额和投资经历的限制，防止金融机构针对高龄老人等金融领域的弱势群体进行欺诈或者误导性销售。

此外，在信贷金融市场风险事故频发的背景下，金融消费者仍然对高风险活动趋之若鹜，这一现象背后隐藏的事实在于，信贷金融消费者往往对其可以避免风险过于乐观，认为自己不会成为最后接盘者，如果操作得当，完全可以在市场高位时将其投资转嫁给后手，或者在多个平台进行投资分散风险。对于个人在决策过程中不可避免的非理性缺陷，解决方案也仅能从个人决策模型中进一步发掘。对于陷入非理性炒作状态的信贷金融产品，揭示其他投资者已经面临的损失，或者类似交易中出现过的违法犯罪活动，往往比单纯揭示市场风险更有价值。在得与失之间，一般投资者对损失更为敏感。由于金融机构没有动力揭示已经发生的亏损事件，或者市场过度炒作中酝酿出的系统风险，金融监管部门应承担起此种情况下，强制要求互联网金融平台在明显位置及时、准确、完整地披露已经发生的信贷金融产品违约或者可能陷入流动性危机的信息。

第二部分

2017年、2018年中国金融消费者／投资者保护政策动态与述评

编撰者：王鑫

第一篇　2017年、2018年中国银行业、 信托业金融消费者保护

一、2017年中国银行业、信托业金融消费者保护

（一）重要法律法规和监管政策回顾

1. 2017年1月23日，中国人民银行下发了《加强交易场所类特约商户资质审核和风险监测严禁为非法交易场所提供支付结算服务》。通知要求支付机构和商业银行严禁为非法交易场所提供支付结算服务，加强交易场所相关账户管理，强化支付业务风险监测与管理。

2. 2017年2月22日，中国银监会发布了《网络借贷资金存管业务指引》。指引明确了网贷资金存管业务的基本定义和原则。通过资金存管机制，加强对网贷资金交易流转环节的监督管理，防范网贷资金挪用风险，保护投资人资金安全。指引明确了存管业务的三大基本原则：一是分账管理。商业银行为网贷机构提供资金存管服务，对网贷机构自有资金、存管资金分开保管、分账核算。二是依令行事。存管资金的清算支付以及资金进出等环节，需经出借人、借款人的指令或授权。三是账务核对。银行和网贷机构每日进行账务核对，保证账实相符，同时规定每笔资金流转有明细记录，妥善保管相应数据信息，确保有据可查。

3. 2017年2月22日，中国人民银行发布了《关于限期停止为违规交易场所提供支付结算服务的通知》。通知要求各商业银行、非银行金融机构应加强对交易场所和相关平台类特约商户的资质审核与管理，限期停止为"微盘"类交易平台、违规交易场所提供支付结算服务。一是做好"微盘"类交易平台的清理整顿，二是做好对违规交易场所的清理准备，三是加强特约商户的资质审核和相关交易场所的账户管理，强化支付业务风险监测。

4. 2017年2月23日，中国银监会印发《关于开展银行业信用风险专项排查的通知》。通知要求切实摸清银行显性或者隐性承担信用风险的各项贷款、债券、投资、同业、表外、通道业务等风险敞口的信用风险底数。银行逐笔排查包括逾期90

天以上、逃废债务逾期等正常类或关注类贷款。

5. 2017 年 3 月 28 日，中国银监会发布了《关于开展银行业"违法、违规、违章"行为专项治理工作的通知》。该通知为进一步防控金融风险，治理金融乱象，坚决打击违法、违规、违章行为，督促银行业金融机构加强合规管理，扎严"制度笼子"，稳健规范发展，更好地服务于实体经济，决定在银行业金融机构中全面开展"违反金融法律、违反监管规则、违反内部规章"行为专项治理工作。并明确了银行业"三违反"专项治理工作要点，提出明确目标任务，坚持问题导向；加强组织领导，扎实有序推进；落实报告要求，确保治理实效；严肃整改问责，依法廉洁监管四项具体要求。

6. 2017 年 3 月 28 日，中国银监会发布了《关于开展银行业"监管套利、空转套利、关联套利"专项治理工作的通知》。本通知针对当前银行业金融机构同业业务、投资业务、理财业务等跨市场、跨行业交叉性金融业务中存在的杠杆高、嵌套多、链条长、套利多等问题进行了全面规制。其可以看做是对已有一系列监管规则的重申和落实。

7. 2017 年 4 月 6 日，中国银监会发布了《关于开展银行业"不当创新、不当交易、不当激励、不当收费"专项治理工作的通知》。该通知提出"四不当"专项治理检查要点包括，在"不当创新"方面，董事会和高级管理层是否知悉本机构的金融创新业务、运行情况以及市场状况；是否准确认识金融创新活动的风险，是否定期评估、审批金融创新政策和各类新产品的风险限额，使金融创新活动限制在可控的风险范围之内。"不当交易"方面着重检查的业务包括同业业务、理财业务、信托业务。同业业务方面，银行要自查是否对特定目的载体投资实施了穿透管理至基础资产，是否存在多层嵌套难以穿透到基础资产的情况。"不当激励"方面，通知让银行自查包括考评指标设置、考评机制管理、薪酬支付管理等。"不当收费"方面则要检查银行在向客户收取服务费用时，是否有对应明确的服务内容，是否存在无实质性服务、未提升实质性效率的收费项目，以及多收费、少服务，超出价格目录范围收费的行为；是否存在以贷转存、存贷挂钩、以贷收费、浮利分费、借贷搭售收费、一浮到顶、转嫁成本等七类附加不合理贷款条件的违法违规行为等。

8. 2017 年 4 月 7 日，中国银监会发布了《关于集中开展银行业市场乱象整治工作的通知》。通知要求组织全国银行业集中整治市场乱象。该工作由银监会现场检查局牵头，梳理了十大方面的乱象，包括股权和对外投资、机构和高管、规章制度、业务、产品、人员行为、行业廉政风险、监管履职、内外勾结违法行为、非法金融活动。

9. 2017年5月12日，中国人民银行下发了《关于加强开户管理及可疑交易报告后续控制措施的通知》。通知要求，各银行业金融机构和支付机构要严格审查异常开户情形，必要时应当拒绝开户。对于不配合客户身份识别、有组织同时或分批开户、开户理由不合理、开立业务与客户身份不相符、有明显理由怀疑客户开立账户存在开卡倒卖或从事违法犯罪活动等情形，各银行业金融机构和支付机构有权拒绝开户。同时，对于通过可疑监测标准筛选出的异常交易，各金融机构和支付机构应当注重挖掘客户身份资料和交易记录价值，发挥客户尽职调查的重要作用，采取有效措施进行人工分析、识别。义务机构既要重视对可疑交易报告质量的管控，又要重视报告后对相关风险的持续监测和管控，及时采取适当的内部控制措施，防范本机构被洗钱、恐怖融资及其他违法犯罪活动利用。

10. 2017年5月27日，中国银监会、教育部、人力资源和社会保障部联合出台了《关于进一步加强校园贷规范管理工作的通知》。通知要求按照"疏堵结合、打开正门、扎紧围栏、加强治理"的总体思路，在前期与教育部、工信部、公安部、工商总局等部门合力出台的制度举措基础上，进一步完善顶层监管制度设计，补牢制度围墙。一是开正门，补服务。鼓励商业银行和政策性银行进一步针对大学生合理需求研发产品，提高对大学生的服务效率，补齐面向校园、面向大学生金融服务覆盖不足的短板。经银行业监督管理部门批准设立的机构在风险可控的前提下，根据大学生群体的风险特点，开发既能满足大学生融资需求，又能有效控制风险的校园金融产品。二是强治理，防风险。从事校园贷业务的网贷机构一律暂停新发校园网贷业务标的，并根据自身存量业务情况，制定明确的退出整改计划。同时，未经银行业监督管理部门批准设立的机构不得进入校园为大学生提供信贷服务，监管部门应联合各方力量，加强整治，及时纠偏。三是正观念，补教育。整顿校园贷市场的同时，要抓好校园秩序管理与学生教育引导工作。各高校开展丰富的宣传教育活动以引导学生科学理性消费，健全举报惩戒制度以维护校园稳定秩序。

11. 2017年7月10日，中国银监会、民政部联合发布了《慈善信托管理办法》。其中，为促进慈善信托的发展，该办法明确慈善信托的委托人、受托人和受益人按照国家有关规定享受税收优惠，信托公司开展慈善信托业务免计风险资本，免予认购信托业保障基金，同时鼓励地方各级人民政府根据经济社会发展情况，制定和出台促进慈善信托事业发展的政策和措施。

12. 2017年8月24日，中国银监会发布了《关于印发网络借贷信息中介机构业务活动信息披露指引的通知》。通知要求规范网络借贷信息中介机构业务活动信息披露行为，包含中介机构组织信息、审核信息、经营信息及用户基本信息，指引规范网络借贷信息中介平台定期向公众披露截至上一月的经营信息，并设立单独模块展示公司管理基本信息。

13. 2017 年 8 月 25 日，中国银监会发布了《关于印发信托登记管理办法的通知》（以下简称《办法》）。办法按照"集中登记、依法操作、规范管理、有效监督"的总体原则，主要规定了信托登记的定义及流程、信托受益权账户管理及信托登记信息管理、监管要求等，构建了我国信托业统一的信托登记制度。《办法》规定，信托登记包括预登记、初始登记、变更登记、终止登记和更正登记，中国信托登记有限责任公司（简称信托登记公司）接受信托登记申请，依法办理信托登记业务。信托登记公司以提供信托业基础服务为主要职能，不以盈利为主要目的，免收信托登记费。《办法》强调信托登记信息受法律保护，对信托登记信息的管理和使用提出了严格的保密要求。为确保信托登记工作稳妥起步，《办法》设立 3 个月过渡期。

14. 2017 年 11 月 13 日，中国人民银行发布《关于进一步加强无证经营支付业务整治工作的通知》。通知要求，要加强无证机构整治，加大处罚力度，坚决切断无证机构的支付业务渠道，遏制支付服务市场乱象，整肃支付服务市场的违规行为；从严惩处违规为无证机构提供支付服务的市场主体，坚决整治严重干扰支付服务市场秩序的行为，规范支付业务活动；以持证机构为切入点，全面检查持证机构为无证机构提供支付清算服务的违规行为。此次整治范围包括银行业金融机构、非银行支付机构，以及中国银联、农信银资金清算中心、城商行清算中心、同城清算系统运营机构、小额支付系统集中代收付中心运营机构。

15. 2017 年 11 月 17 日，中国人民银行会同银监会、证监会、保监会、国家外汇局等部门联合起草了《关于规范金融机构资产管理业务的指导意见（征求意见稿)》（以下简称"资管新规"）并公开征求意见。"资管新规"其中的一项重要原则就是坚持宏观审慎管理与微观审慎监管相结合、机构监管与功能监管相结合的监管理念，实现对各类机构开展资管业务的全面、统一覆盖，进一步加强对金融消费者的保护。

16. 2017 年 11 月 22 日，中国银监会发布了《关于规范银信类业务的通知》。通知要求商业银行和信托公司开展银信类业务，不得将信托资金违规投向房地产；对于银信通道业务，商业银行不得通过信托通道将表内资产虚假出表，不得将信托资金违规投向地方政府融资平台，不得将信托资金违规投向股票市场、产能过剩等领域。近年来银信类业务存在一定风险隐患，要对风险较高的银行和信托公司进行窗口指导和风险提示。

17. 2017 年 12 月 13 日，中国人民银行发布了《关于规范支付创新业务的通知》，要求加强支付业务系统的接口管理。通知强调收单业务广告内容不得使用或者变相使用"零扣率""低扣率""费率自由定义""商户滚动切换""一机多商户""T+0""D+0""即时到账""刷单""套现"等涉嫌不正当竞争、误导消费者或者违法违规行为的文字。

18. 2017年12月29日，中国人民银行、银监会、证监会、保监会下发了《关于规范债券市场参与者债券交易业务的通知》。通知指出，近年来，随着我国债券市场不断发展，部分逐利动机较强、内控薄弱的市场参与者，在场内、场外以各种形式直接或变相加杠杆博取高收益。同时，还有市场参与者采用"代持"等违规交易安排，规避内控风控机制和资本占用等监管要求、放大交易杠杆，引发交易纠纷，这些不审慎的交易行为客观上使得债券市场脆弱性上升，潜藏较大风险隐患。为贯彻落实党的十九大报告、第五次全国金融工作会议及中央经济工作会议等提出的"守住不发生系统性金融风险底线"的明确要求，针对债券市场存在的一些不规范交易行为，人民银行、银监会、证监会、保监会共同研究制定该通知，旨在督促各类市场参与者加强内部控制与风险管理，健全债券交易相关的各项内控制度，规范债券交易行为，并将自身杠杆操作控制在合理水平。

（二）总结与点评

2017年金融风险整治的重点在于银行体系，银行同业、理财、表外和资管业务等风险突出的领域更是重中之重。中国人民银行和银监会发布了一系列监管文件整治"三套利、三违反、四不当、十乱象"等金融违规行为，深入整治银行业市场乱象，促进银行业市场规范发展，在多项监管举措的推动下，影子银行、交叉金融、互联网金融、地方政府债务、非法集资等多个领域的风险得到了有效遏制和防控，"穿透式"监管逐步深化，金融消费者权益保护得到了加强。同时，"资管新规"的出台意义重大，"资管新规"主要内容可以概括为以下几点：一是统一监管标准，二是消除多层嵌套、减少监管套利，三是打破刚性兑付，四是规范资金池、降低期限错配、减少流动性风险。"资管新规"根据投资性质将资管产品分为不同类型，以此可区分产品的风险等级，同时要求资管产品发行时明示产品类型，可避免"挂羊头卖狗肉"，切实保护金融消费者权益。

（三）附表：2017年中国银行业、信托业金融消费者保护重要法律文件索引

序号	文件名称	发布单位	发布日期
1	加强交易场所类特约商户资质审核和风险监测严禁为非法交易场所提供支付结算服务	中国人民银行	1月23日
2	网络借贷资金存管业务指引	中国银监会	2月22日
3	关于限期停止为违规交易场所提供支付结算服务的通知	中国人民银行	2月22日
4	关于开展银行业信用风险专项排查的通知	中国银监会	2月23日

序号	文件名称	发布单位	发布日期
5	关于开展银行业"违法、违规、违章"行为专项治理工作的通知	中国银监会	3月28日
6	关于开展银行业"监管套利、空转套利、关联套利"专项治理工作的通知	中国银监会	3月28日
7	关于开展银行业"不当创新、不当交易、不当激励、不当收费"专项治理工作的通知	中国银监会	4月6日
8	关于集中开展银行业市场乱象整治工作的通知	中国银监会	4月7日
9	关于加强开户管理及可疑交易报告后续控制措施的通知	中国人民银行	5月12日
10	关于进一步加强校园贷规范管理工作的通知	中国银监会、教育部、人力资源和社会保障部	5月27日
11	慈善信托管理办法	中国银监会、民政部	7月10日
12	关于印发网络借贷信息中介机构业务活动信息披露指引的通知	中国银监会	8月24日
13	关于印发信托登记管理办法的通知	中国银监会	8月25日
14	关于进一步加强无证经营支付业务整治工作的通知	中国人民银行	11月13日
15	关于规范金融机构资产管理业务的指导意见（征求意见稿）	中国人民银行、银监会、证监会、保监会、国家外汇管理局	11月17日
16	关于规范银信类业务的通知	中国银监会	11月22日
17	关于规范支付创新业务的通知	中国人民银行	12月13日
18	关于规范债券市场参与者债券交易业务的通知	中国人民银行、银监会、证监会、保监会	12月29日

二、2018年中国银行业、信托业金融消费者保护

（一）重要法律法规和监管政策回顾

1. 2018年1月12日，中国银监会发布《关于进一步深化整治银行业市场乱象的通知》。通知指出，各银行业金融机构和各级监管机构要高度重视，周密安排，精心组织，成立领导小组，层层实行"一把手"负责制，并结合实际制定工作实施方案，确保组织到位、推进到位、落实到位。要全面评估2017年已开展的"三三四十"、信用风险专项排查、"两会一层"风控责任落实等专项治理工作，对照2018年整治银行业市场乱象工作要点，梳理本机构、本部门、本地区存在的突出问题和风险隐患。各银行业金融机构重点评估自查是否全面深入、问题是否真实准

确、整改是否及时彻底、问责是否严格到位、发现的风险是否有效化解、制度短板是否得到弥补、制度执行力是否得到加强以及当前仍存在哪些突出问题等。各级监管机构重点评估是否存在检查不深不透、应查未查、发现问题隐瞒不报、应罚未罚及处罚偏松偏软等问题和下一步监管重点，形成"整改—评估—整改"的工作机制。

2. 2018年3月19日，中国人民银行发布〔2018〕第7号公告，将外商投资支付机构有关事宜公告如下：一是境外机构拟为中华人民共和国境内主体的境内交易和跨境交易提供电子支付服务的，应当在中华人民共和国境内设立外商投资企业，根据《非金融机构支付服务管理办法》规定的条件和程序取得支付业务许可证。二是外商投资支付机构应当在中华人民共和国境内拥有安全、规范、能够独立完成支付业务处理的业务系统和灾备系统。三是外商投资支付机构在中华人民共和国境内收集和产生的个人信息和金融信息的存储、处理和分析应当在境内进行。为处理跨境业务必须向境外传输的，应当符合法律、行政法规和相关监管部门的规定，要求境外主体履行相应的信息保密义务，并经个人信息主体同意。四是外商投资支付机构的公司治理、日常运营、风险管理、资金处理、备付金交存、应急安排等应当遵守中国人民银行关于非银行支付机构的监管要求。

3. 2018年4月24日，中国人民银行发布《关于进一步加强征信信息安全管理的通知》，通知指出，要加强个人信息保护，做好新时代征信信息安全管理工作，切实保护信息主体合法权益，进一步加强金融信用信息基础数据库运行机构和接入机构的征信信息安全管理工作，提升人民群众在征信领域的幸福感和安全感。

4. 2018年4月27日，中国人民银行、中国银行保险监督管理委员会、中国证券监督管理委员会、国家外汇管理局联合发布《关于规范金融机构资产管理业务的指导意见》。意见指出，近年来，我国资产管理业务快速发展，在满足居民和企业投融资需求、改善社会融资结构等方面发挥了积极作用，但也存在部分业务发展不规范、多层嵌套、刚性兑付、规避金融监管和宏观调控等问题。要按照党中央、国务院决策部署，规范金融机构资产管理业务，统一同类资产管理产品监管标准，有效防控金融风险，引导社会资金流向实体经济，更好地支持经济结构调整和转型升级。

5. 2018年6月12日，中国银保监会办公厅发布《关于加强无线网络安全管理的通知》。通知指出，近年来，无线网络技术发展较快，在银行保险机构的业务服务、移动办公和互联网接入等领域得到广泛应用，但由于缺乏线路连接控制及管理不规范问题，无线网络信息截取、非法入侵、伪冒诈骗等风险近期呈上升态势。银行保险机构应充分认识无线网络安全风险，在无线网络建设中安全技术措施应遵循

"同步规划、同步建设、同步使用"的原则同步推进，严格禁止私搭乱建和未经授权使用无线网络，杜绝不符合规范的无线网络。境外分支机构还应遵守所在国家和地区的监管要求和法律规定。

6. 2018 年 7 月 11 日，中国人民银行发布《关于加强跨境金融网络与信息服务管理的通知》，通知指出，境外提供人为境内使用人提供跨境金融网络与信息服务，应当在正式提供服务前 30 个工作日内，以书面形式（含电子文件，下同）向中国人民银行履行报告手续。报告内容包括：境外提供人的基本信息和依法成立的证明文件；提供服务的资质；境内使用人接入其网络时需要提供的材料；网络产品、服务符合国家相关要求的证明材料；网络运行安全和信息安全保障机制；反洗钱和反恐怖融资内部控制制度、组织架构和工作开展情况；提供服务的具体业务规则和信息传输处理机制；客户权益保障机制，有关网络产品、服务安全维护的具体措施及其安全风险的补救办法；在母国和其他国家或地区接受监管的情况等。

7. 2018 年 7 月 12 日，中国人民银行发布〔2018〕第 10 号公告（整治拒收现金）。公告指出，中华人民共和国的法定货币是人民币，包括纸币和硬币。任何单位和个人不得以格式条款、通知、声明、告示等方式拒收现金，依法应当使用非现金支付工具的情形除外。

8. 2018 年 7 月 30 日，中国银保监会发布《关于银行业和保险业做好扫黑除恶专项斗争有关工作的通知》。通知指出，各级监管机构、各银行保险机构要认真贯彻党中央、国务院决策部署，将扫黑除恶作为一项重大政治任务，摆到工作全局的突出位置，列入重要议事日程。要增强工作责任感和使命感，切实把思想和行动统一到党中央、国务院部署上来，勇于担当，旗帜鲜明地开展扫黑除恶专项斗争。对于银行业领域，要重点打击非法设立的从事或主要从事发放贷款业务的机构或非法以发放贷款为日常业务活动中的以下活动：利用非法吸收公众存款、变相吸收公众存款等非法集资资金发放民间贷款的；以故意伤害、非法拘禁、侮辱、恐吓、威胁、骚扰等非法手段催收贷款的；利用黑恶势力开展或协助开展的；套取金融机构信贷资金，再高利进行转贷的；面向在校学生非法发放贷款，发放无指定用途贷款，或以提供服务、销售商品为名，实际收取高额利息（费用）变相放贷的；银行业金融机构工作人员和公务员作为主要成员参与或实际控制人的。

9. 2018 年 9 月 18 日，中国信托业协会发布《信托公司受托责任尽职指引》。这是中国信托业协会首次推出的规范信托公司切实履行受托人职责的具体办法，也是协会进一步加强行业自律管理的重要举措。指引共十章六十四条，包括总则、尽职调查与审批管理、产品营销与信托设立、运营管理、合同规范、终止清算、信息披露、业务创新、自律管理及附则等内容。

10. 2018 年 11 月 2 日，中国人民银行、中国银行保险监督管理委员会发布《关于实施银行业金融机构金融消费者投诉统计分类及编码行业标准的通知》。该通知指出，为了切实保护金融消费者合法权益，防控系统性金融风险，故应进一步提高银行业金融机构对金融消费者投诉管理的规范化和标准化，加强金融管理部门对银行业金融消费者投诉数据的调查统计和研究分析。

（二）附表：2018 年中国银行业、信托业金融消费者保护重要法律文件索引

序号	文件名称	发布单位	发布日期
1	关于进一步深化整治银行业市场乱象的通知	中国银监会	1 月 12 日
2	中国人民银行公告〔2018〕第 7 号（外商投资支付机构）	中国人民银行	3 月 21 日
3	关于进一步加强征信信息安全管理的通知	中国人民银行	4 月 24 日
4	关于规范金融机构资产管理业务的指导意见	中国人民银行、中国银行保险监督管理委员会、中国证券监督管理委员会、国家外汇管理局	4 月 27 日
5	关于加强无线网络安全管理的通知	中国银行保险监督管理委员会办公厅	6 月 12 日
6	关于加强跨境金融网络与信息服务管理的通知	中国人民银行	7 月 11 日
7	中国人民银行公告〔2018〕第 10 号（整治拒收现金）	中国人民银行	7 月 12 日
8	关于银行业和保险业做好扫黑除恶专项斗争有关工作的通知	中国银行保险监督管理委员会	7 月 30 日
9	信托公司受托责任尽职指引	中国信托业协会	9 月 18 日
10	关于实施银行业金融机构金融消费者投诉统计分类及编码行业标准的通知	中国人民银行、中国银行保险监督管理委员会	11 月 2 日

第二篇　2017 年、2018 年中国证券市场中小投资者保护

一、2017 年中国证券市场中小投资者保护

（一）重要政策、法规和事件回顾

1. 2017 年 1 月 9 日，由中国证监会牵头的清理整顿各类交易场所部际联席会议第三次会议在北京召开。会议提出，要深入开展一次交易场所清理整顿"回头看"活动，用半年时间集中整治，切实解决交易场所存在的违法违规问题，防范和化解金融风险。

2. 2017 年 2 月 15 日，证监会发布《关于修改〈上市公司非公开发行股票实施细则〉的决定》，2 月 17 日又发布《发行监管问答——关于引导规范上市公司融资行为的监管要求》，两部文件通过规定定增规模、再融资周期和再融资用途等解决现有再融资制度中的一些突出问题。

3. 2017 年 3 月 3 日，证监会举办《证券期货投资者适当性管理办法》实施培训会议，解读并部署加快《办法》实施的各项准备工作。

4. 2017 年 3 月 17 日，证监会发言人称，2017 年证监会的专项执法行动将在继续严厉打击虚假陈述、内幕交易和操纵市场等传统违法违规行为的同时，全面筛查可能产生系统性风险、影响市场稳定、干扰改革发展的各类违法案件。

5. 2017 年 3 月 31 日，证监会决定在沪深交易所设立巡回审理办公室，派驻执法人员，对两个交易所上市公司违法违规案件进行审理工作。

6. 2017 年 4 月 14 日，中国证监会发言人表示，针对炒作次新股和以快进快出手法等恶性操纵市场行为，证监会部署专项执法行动。目前，相关调查工作已全面展开。

7. 2017 年 4 月 18 日，中国证监会批准中证中小投资者服务中心有限责任公司报送的《扩大持股行权试点方案》。持股行权工作是证监会立足我国资本市场实际情况，运用市场化方式，加强中小投资者保护和服务的创新举措。持股行权试点自

2016年2月开展以来，中证中小投资者服务中心有限责任公司作为实施主体，累计向试点区域170余家上市公司发送股东建议函，提出建议380余条，现场参与26家上市公司股东大会、投资者说明会，取得了较好的效果，督促了公司规范治理和相关监管制度的落地，也为中小投资者提供了依法行使股东权利的样本和示范。根据持股行权试点工作评估情况和投资者调查，试点工作效果显著，市场各方反应积极，也得到广大中小投资者的充分肯定。

8. 2017年4月18日，国务院发布《国务院批转国家发展改革委关于2017年深化经济体制改革重点工作意见的通知》，其中在推进金融体制改革中，包括完善股票发行、交易和上市公司退市等三大基础性制度，积极配合修订《证券法》，从严从重打击资本市场的各类违法违规行为等具体任务。

9. 2017年4月24日，证券法修订草案提请全国人大常委会二审。证券法修订草案二次审议稿聚焦七大市场焦点，包括注册制暂不规定、加强监管、规范上市公司收购、强化信息披露、突出投资者保护、完善证券交易规则、健全多层次资本市场等内容。

10. 2017年5月26日，证监会发布《上市公司股东、董监高减持股份的若干规定》，随后上海证券交易所和深圳证券交易所也出台了配套政策。减持新规扩大了受限制主体范围，细化了减持限制的交易方式和比例要求，并强化了关于减持的信息披露。

11. 2017年6月6日，中国证监会发布《证券公司和证券投资基金管理公司合规管理办法》，自2017年10月1日起施行。证券基金经营机构应根据该办法的相关要求，构建完善的合规管理制度和系统，实现合规管理全覆盖，严格落实董事会、监事会、高管人员、合规负责人的合规管理职责，严格选任合规负责人，切实保障其独立性、权威性、知情权和薪酬待遇。通过合规体系的逐步完善、优化，促使行业真正形成卓有成效的自我约束机制。

12. 2017年6月28日，上海证券交易所发布了《上海证券交易所风险警示板股票交易管理办法（2017年修订）》《上海证券交易所股票期权试点投资者适当性管理指引（2017年修订）》《上海证券交易所港股通投资者适当性管理指引（2017年修订）》。中国证券业协会发布《证券经营机构投资者适当性管理实施指引（试行）》。

13. 2017年7月1日，证监会发布的《证券期货投资者适当性管理办法》正式开始实行。该办法是我国首部证券期货市场投资者保护专项规章，是资本市场的重要性基础制度。

14. 2017年8月1日，中国证券业协会公告2017年第三批打新黑名单，并决定将违规的 1 012 个股票配售对象列入黑名单，被禁期限为从 8 月 1 日起禁止打新半年或以上。

15. 2017 年 8 月 4 日，最高人民法院印发《关于进一步加强金融审判工作的若干意见》。意见指出，要优化多层次资本市场体系的法治环境，满足多样化金融需求。依法审理证券、期货民商事纠纷案件，规范资本市场投融资秩序，引导把更多金融资源配置到经济社会发展的重点领域和薄弱环节，更好满足实体经济多样化的金融需求。

16. 2017 年 8 月 4 日，证监会新闻发言人表示，重组方的业绩承诺是上市公司并购重组的重要组成部分，重组方不得变更其作出的业绩补偿承诺。对一些并购重组实施后，承诺完成比例低、媒体质疑较大的上市公司，证监会将开展专项检查，及时查处违法违规行为。

17. 2017 年 9 月 4 日，中国人民银行、中央网信办、银监会、证监会、保监会等七部委联合发布《关于防范代币发行融资风险的公告》。公告指出，代币发行融资是指融资主体通过代币的违规发售、流通，向投资者筹集比特币、以太币等所谓"虚拟货币"，本质上是一种未经批准非法公开融资的行为，涉嫌非法发售代币票券、非法发行证券以及非法集资、金融诈骗、传销等违法犯罪活动。有关部门将密切监测有关动态，加强与司法部门和地方政府的工作协同，按照现行工作机制，严格执法，坚决治理市场乱象。发现涉嫌犯罪问题的，将移送司法机关。

18. 2017 年 10 月 16 日，证监会以问答方式对境内证券经营机构境外全资子公司的监管权属问题进行明确。根据属地监管原则，证券公司境外子公司持牌业务由所在地证券监管部门履行监管职责。证监会主要通过督促母公司切实履行职责，加强对境外子公司管控来防范相关风险。

19. 2017 年 11 月 24 日，中国证券业协会发布了修改后的《首次公开发行股票网下投资者管理细则》。细则进一步加强了证券公司的推荐责任，增加了网下投资者适当性管理制度，并明确了主承销商的报送责任。

（二）总结与点评

2017 年中国证券市场的中小投资者保护体现出以下三个特点：

一是加强对再融资的市场监管，整顿市场乱象。2017 年，监管部门对于证券市场的再融资行为采取了强监管的态度。近年来，伴随着再融资市场的野蛮生长与发展，其背后的各种乱象频繁显现。管理层为了规范资本市场，排除隐患和加强监管出台了再融资新规，如《关于修改〈上市公司非公开发行股票实施细则〉的决定》以及《发行监管问答——关于引导规范上市公司融资行为的监管要求》等，对再融资市场进一步加强了监管。

二是加强对大股东减持行为的规范，保护中小投资者利益。2017 年 5 月 26 日，证监会发布《上市公司股东、董监高减持股份的若干规定》，随后，上海证券交易所和深圳证券交易所也出台了配套政策。减持新规从严规范了股东减持行为，完善了大宗交易"过桥减持"监管安排以及非公开发行股份解禁后的减持规范，防止股东利用规则漏洞违法减持。

三是完善投资者保护机制，加强投资者适当性管理。2017 年 7 月 1 日，《证券期货投资者适当性管理办法》正式开始实行，该《办法》共 43 条，针对适当性管理中的实际问题，主要规定了以下制度安排：一、形成了依据多维度指标对投资者进行分类的体系，统一投资者分类标准和管理要求。二、明确了产品分级的底线要求和职责分工，建立层层把关、严控风险的产品分级机制。三、规定了经营机构在适当性管理各个环节应当履行的义务，全面从严规范相关行为。四、突出对于普通投资者的特别保护，向投资者提供有针对性的产品及差别化服务。五、强化了监管职责与法律责任，确保适当性义务落到实处。

（三）附表：2017 年中国证券市场中小投资者保护重要法律文件索引

序号	文件名称	发布单位	发布日期
1	发行监管问答——关于引导规范上市公司融资行为的监管要求	中国证监会	2 月 17 日
2	期货公司风险监管指标管理办法	中国证监会	4 月 18 日
3	上市公司股东、董监高减持股份的若干规定	中国证监会	5 月 26 日
4	证券公司和证券投资基金管理公司合规管理办法	中国证监会	6 月 6 日
5	证券经营机构投资者适当性管理实施指引（试行）	中国证券业协会	6 月 28 日
6	中国证监会关于证券投资基金估值业务的指导意见	中国证监会	9 月 5 日
7	证券公司合规管理实施指引	中国证券业协会	9 月 8 日
8	证券交易所管理办法	中国证监会	11 月 17 日
9	关于修改《首次公开发行股票网下投资者管理细则》	中国证券业协会	11 月 24 日

二、2018 年中国证券市场中小投资者保护

（一）重要政策、法规和事件回顾

1. 2018 年 3 月 14 日，中国证监会发布《证券期货投资者教育基地监管指引》。进一步规范证券期货投资者教育基地监管工作，充分发挥其功能，提高投资者教育服务水平。

2. 2018 年 3 月 28 日，中国证监会发布《证券期货市场诚信监督管理办法》。办法共六章 50 条，包括总则，诚信信息的采集和管理，诚信信息的公开与查询，

诚信约束、激励与引导，监督与管理，附则等内容。本次修订扩充了诚信信息覆盖的主体范围和信息内容范围，实现资本市场诚信监管"全覆盖"；建立重大违法失信信息公示的"黑名单"制度；建立市场准入环节的诚信承诺制度，严把市场准入关；建立主要市场主体诚信积分管理制度，对主要市场主体实施诚信分类监管；建立行政许可"绿色通道"制度；建立健全市场主体之间的诚信状况查询制度，强化市场交易活动中的自我诚信约束；强化事后监管的诚信约束。

3. 2018 年 5 月 30 日，中国证监会发布《关于进一步规范货币市场基金互联网销售、赎回相关服务的指导意见》。意见主要包括五个方面，一是在开展货币市场基金互联网销售过程中，应当严格落实"三强化、六严禁"的原则要求。即，强化持牌经营要求，强化基金销售结算资金闭环运作与同卡进出要求，强化基金销售活动的公平竞争要求；严禁非持牌机构开展基金销售活动，严禁其留存投资者基金销售信息，严禁任何机构或个人挪用基金销售结算资金，严禁基金销售结算资金用于"T＋0 赎回提现"业务，严禁基金份额违规转让，严禁对基金实施歧视性、排他性、绑定性销售。二是对"T＋0 赎回提现"实施限额管理。对单个投资者持有的单只货币市场基金，设定在单一基金销售机构单日不高于 1 万元的"T＋0 赎回提现"额度上限。投资者按合同约定的正常赎回不受影响。三是除取得基金销售业务资格的商业银行外，禁止其他机构或个人以任何方式为"T＋0 赎回提现"业务提供垫支。四是规范基金管理人和基金销售机构"T＋0 赎回提现"业务的宣传推介和信息披露活动，加强风险揭示，严禁误导投资者。五是要求非银行支付机构不得提供以货币市场基金份额直接进行支付的增值服务，不得从事或变相从事货币市场基金销售业务，不得为"T＋0 赎回提现"业务提供垫支等。

4. 2018 年 6 月 15 日，中国证券登记结算有限责任公司发布《关于对证券违法案件中违反账户实名制行为加强自律管理的通知》。通知要求，对证券违法案件中违反账户实名制管理的相关当事人，除采取注销账户、限制使用等措施外，将同时采取一定时期内限制新开账户、列为重点关注对象等处罚措施。

5. 2018 年 6 月 27 日，中国证监会发布《证券期货经营机构及其工作人员廉洁从业规定》。规定要求证券期货经营机构及其工作人员在开展证券期货业务及相关活动中，严格遵守法律法规、中国证监会的规定和行业自律规则，遵守社会公德、商业道德、职业道德和行为规范，公平竞争，合规经营，忠实勤勉，诚实守信，不直接或者间接向他人输送不正当利益或者谋取不正当利益。

6. 2018 年 9 月 30 日，中国证券投资基金业协会发布《关于加强私募基金信息披露自律管理相关事项的通知》。通知要求，私募基金管理人未按时在信披备份系统备份私募证券投资基金 2018 年第三季度及以后各期季报和年报、私募股权（含创业）投资基金 2018 年及以后各期半年报和年报等信息披露报告累计达两次的，协会将其列入异常机构名单。

7. 2018 年 10 月 22 日，中国证监会发布《关于"12386"中国证监会服务热线运行有关事项的公告》。公告指出，"12386"中国证监会服务热线是中国证监会建立的接收证券期货市场投资者诉求的公益服务渠道，热线接收投资者投诉、咨询、意见建议等诉求，不接收信访、举报。

8. 2018 年 11 月 6 日，中国证监会发布《关于完善上市公司股票停复牌制度的指导意见》。该意见从保障交易机会、增强市场流动性、明确市场预期、明确相应配套工作安排等方面进一步完善上市公司股票停复牌制度，确保上市公司股票停复牌信息披露及时、公平，维护市场交易秩序，保护广大中小投资者合法权益，促进资本市场持续稳定健康发展。

9. 2018 年 11 月 13 日，最高人民法院、中国证券监督管理委员会印发《关于全面推进证券期货纠纷多元化解机制建设的意见》的通知。通知指出，建设证券期货纠纷多元化解机制，是畅通投资者诉求表达和权利救济渠道、夯实资本市场基础制度和保护投资者合法权益的重要举措。要进一步建立、健全有机衔接、协调联动、高效便民的证券期货纠纷多元化解机制，依法保护投资者的合法权益，维护公开、公平、公正的资本市场秩序，促进资本市场的和谐健康发展。

10. 2018 年 11 月 23 日，中国人民银行、证监会、国家发展改革委发布《关于进一步加强债券市场执法工作的意见》。意见指出，证监会依法对银行间债券市场、交易所债券市场违法行为开展统一的执法工作。对涉及公司债券、企业债券、非金融企业债务融资工具、金融债券等各类债券品种的信息披露违法违规、内幕交易、操纵证券市场以及其他违反《证券法》的行为，依据《证券法》第一百九十三条、第二百零二条、第二百零三条、第二百二十三条、第二百二十六条等有关规定进行认定和行政处罚。对商业银行、证券公司等在承销各类债券过程中的违法行为，依照《证券法》第一百九十一条进行处罚。违法行为情节严重的，由证监会依据《证券法》第二百三十三条对有关责任人员采取证券市场禁入措施。在案件调查过程中发现涉嫌犯罪的，及时移送公安机关依法追究刑事责任；公安机关在接到依法移送的案件后，及时立案侦查。人民银行、证监会、国家发展改革委继续按现行职责分工做好债券市场行政监管。债券市场自律组织及其他市场参与机构做好自律管理等相关工作。

11. 2018 年 12 月 1 日，最高人民法院发布《证券期货纠纷多元化解十大典型案例》。案例中提到了各市场主体之间的典型纠纷及各地法院和证券监管机构的解决方法。

（二）附表：2018 年中国证券市场中小投资者保护重要法律文件索引

序号	文件名称	发布单位	发布日期
1	证券期货投资者教育基地监管指引	中国证监会	3 月 14 日
2	证券期货市场诚信监督管理办法	中国证监会	3 月 28 日
3	关于进一步规范货币市场基金互联网销售、赎回相关服务的指导意见	中国证监会	5 月 30 日
4	关于对证券违法案件中违反账户实名制行为加强自律管理的通知	中国证券登记结算有限责任公司	6 月 15 日
5	证券期货经营机构及其工作人员廉洁从业规定	中国证监会	6 月 27 日
6	关于加强私募基金信息披露自律管理相关事项的通知	中国证券投资基金业协会	9 月 30 日
7	关于"12386"中国证监会服务热线运行有关事项的公告	中国证监会	10 月 22 日
8	关于完善上市公司股票停复牌制度的指导意见	中国证监会	11 月 6 日
9	关于全面推进证券期货纠纷多元化解机制建设的意见	最高人民法院、中国证监会	11 月 13 日
10	关于进一步加强债券市场执法工作的意见	中国人民银行、中国证监会、国家发展改革委	11 月 23 日
11	证券期货纠纷多元化解十大典型案例	最高人民法院	12 月 1 日

第三篇 2017 年、2018 年中国保险消费者保护

一、2017 年中国保险消费者保护

（一）重要政策、法规和事件回顾

1. 2017 年 2 月 23 日，中国保监会出台了《关于离岸再保险人提供担保措施有关事项的通知》，主要从适用的对象和范围、担保的范围和形式、担保措施的具体要求和担保措施的使用等方面，对离岸再保险人提供担保措施的有关事项提出了规范性要求，该政策意味着我国正式建立了离岸再保险人保证金制度，对促进我国再保险市场平稳健康发展具有重要意义。

2. 2017 年 3 月 9 日，中国保监会出台了《关于完善监管公开质询制度有关事项的通知》。该通知充分利用公开质询机制，督促保险公司及相关方提高合规水平。通知主要内容包括：一是质询范围，主要为社会媒体关注，涉及公众利益或可能引发重大风险的事项，包括公司治理、业务经营、资金运用等监管机构和社会媒体关注的问题；二是质询对象，监管机构和社会舆论关注的对象均可纳入质询对象，包括保险公司的实际控制人、股东、投资人及其关联方和一致行动人，保险公司的董事、监事和高级管理人员，以及其他利益相关方；三是质询形式，主要采取质询函的形式发至保险公司，并在保监会官方网站公示，质询回复采取书面回复的方式报送至保监会，并在保险公司官方网站和保监会指定网站予以公示；四是责任追究，要求被质询人的回复应当真实、准确、清晰，对存在故意隐瞒或虚假信息等情况的，保监会将纳入不良诚信记录，对违反监管规定的，将采取公开谴责、责令改正、限制其股东权利等监管措施。

3. 2017 年 4 月以来，针对保险业面临的突出风险和问题，紧紧围绕服务实体经济、防控金融风险、深化金融改革三项任务，连续出台《关于进一步加强保险监管 维护保险业稳定健康发展的通知》《关于进一步加强保险业风险防控工作的通知》《关于强化保险监管 打击违法违规行为 整治市场乱象的通知》《关于保险业支持实体经济发展的指导意见》《关于弥补监管短板 构建严密有效保险监管体

系的通知》（统称"1＋4"系列文件），着力重塑风清气正的保险行业，重塑监管定位、监管环境、监管能力和监管文化，既坚决果断处置各类风险隐患，又周密稳妥把握好节奏和力度，保险监管和行业各方面都出现积极变化。其中，《关于进一步加强保险监管——维护保险业稳定健康发展的通知》，全面分析了保险业面临的形势，明确了当前和今后一个时期加强保险监管、治理市场乱象、补齐监管短板、严密防控风险和服务实体经济的主要任务和总体要求。《关于进一步加强保险业风险防控工作的通知》明确指出了当前保险业风险较为突出的九个重点领域，并对保险公司提出了 10 个方面共计 39 条风险防控措施要求。《关于强化保险监管　打击违法违规行为　整治市场乱象的通知》部署重点整治虚假出资、公司治理、资金运用、产品不当创新、销售误导、理赔难、违规套取费用以及数据造假等八个方面的市场乱象。《关于保险业支持实体经济发展的指导意见》指出了保险业服务实体经济发展的总体要求和基本思路，并且从"积极构筑实体经济的风险管理保障体系""大力引导保险资金服务国家发展战略""不断创新保险业服务实体经济形式""持续改进和加强保险监管与政策引导"等四方面明确了重点政策措施。《关于弥补监管短板　构建严密有效保险监管体系的通知》要求各级保险监管部门深入排查梳理，找准并弥补存在的短板，切实完善监管制度，改进监管方式，深化改革创新，构建严密有效的保险监管体系，提升监管效能和权威性。

4. 2017 年 4 月 24 日，保监会出台《保险公司章程指引》。指引针对近年来保险公司治理运作中的主要风险和章程制定中存在的突出问题，以公众公司为标准，以风险监管为视角，对公司章程必备条款提出了明确要求，督促公司规范"三会一层"组织架构、决策授权机制和运作程序，明确公司治理机制失灵情形下的处置程序，促进公司治理结构从本源制度安排上更加规范、严谨、有效。要求各保险公司对照指引要求，于 2017 年底前完成章程修改。以《保险公司章程指引》为依据，严格章程审批，引导公司及其股东进行自我约束，从源头上防范公司治理风险的发生。

5. 2017 年 5 月 9 日，中国保监会发布《关于开展保险资金运用风险排查专项整治工作的通知》。通过开展保险资金运用风险排查专项工作，核查保险资产的真实性及资产质量，全面掌握保险资金运用状况，摸清行业风险底数；坚决防范治理金融产品嵌套、监管套利等金融乱象，推动公司进一步提高保险资金运用的合规意识和投资管理水平，强化监管制度的刚性约束。针对问题突出的公司，严肃查处违法违规问题，防范化解风险，引导公司进一步正确把握保险资金运用内在规律，推动保险资金更好地服务实体经济和国家战略。

6. 2017 年 5 月 11 日，中国保监会印发《关于规范人身保险公司产品开发设计行为的通知》，从三个方面规范保险公司产品开发设计行为。一是明确人身保险产品的开发设计应当遵循三项原则：以消费者的需求为中心，发展有利于保障和改进民生的人身保险产品；以我国国情和行业发展为实际考量，发展符合自身规律，符合国家发展战略导向的人身保险产品；以保险基本原理为根本，借鉴国际经验，发展保障功能突出，符合损失分担、风险同质和大数法则的人身保险产品。二是支持并鼓励保险公司开发四类回归保险保障本源的产品：定期寿险、终身寿险，重点服务于消费者身故风险的保障规划，并鼓励区分被保险人健康状况、吸烟状况等情况进行差异化定价；长期年金保险产品，重点服务于消费者长期生存金、长期养老金的积累和长期持续领取；健康保险产品，重点服务于消费者看病就医等健康保障规划；重点服务于支持国家实体经济发展、国家脱贫攻坚战略等国家发展重大领域。三是明确并强调开发设计保险产品的七条要求：比如，针对市场上某些年金等保险产品为提升吸引力，随缴随返，缴费当年即给予一定比例返还等情形，要求"两全保险产品、年金保险产品，首次生存保险金给付应在保单生效满5年之后，且每年给付或部分领取比例不得超过已交保险费的20%"。

7. 2017年5月17日，中国保监会发布《关于进一步加强人身保险公司销售管理工作的通知》，就保险公司加强销售管理，保监局加强属地监管提出要求。文件要求各人身保险公司应当立即对2016年以来公司销售管理合规情况开展自查自纠，重点针对产品管理、信息披露、销售宣传、客户回访、续期服务和投诉处理等业务环节，排查相关经营行为是否依法合规、内控制度是否健全有效、信息资料是否真实完整，对捏造散布"返还型健康险被叫停""部分重大疾病将列为免责病种"等虚假信息的炒作行为和通过虚假宣传引诱投保人订立保险合同等违规销售问题开展全面清查和责任追究。

8. 2017年6月23日，保监会印发《关于进一步加强保险公司关联交易管理有关事项的通知》，明确了"穿透监管""实质重于形式"等监管原则，建立了"责任到人"的审核和追责机制，增加责令修改交易结构、责令停止关联交易等有针对性的监管措施，进一步加大了关联交易监管力度。

9. 2017年6月28日，中国保监会出台了《保险销售行为可回溯管理暂行办法》（以下简称《办法》），出台该《办法》是中国保监会深入贯彻党中央、国务院关于金融工作的决策部署和金融消费者保护政策要求的重要举措，是落实"严监管、防风险、补短板、治乱象、服务实体经济"系列文件的具体措施。《办法》所称保险销售行为可回溯，是指保险公司、保险中介机构通过录音、录像等技术手段采集视听资料、电子数据等方式，记录和保存保险销售过程，有利于从源头上治理销售误导，维护保险消费者合法权益。《办法》共计18条，主要涉及可回溯实施范围和方式、管理内容、信息安全责任、内外部监督管理措施等方面。一是明确了实施范围和方式。保险公司、保险中介机构开展电话销售业务的应实施全险种全过程录音；开展互联网保险业务的，应依照互联网保险业务监管的有关规定开展可回溯管理；保险公司通过保险兼业代理机构销售保险期间超过一年的人身保险产品的（包括利用保险兼业代理机构营业场所内自助终端等设备销售的），需要对关键环节进行录音录像；通过其他销售渠道，向 60 周岁（含）以上年龄的投保人销售保险期间超过一年的人身保险产品，或销售投资连结保险产品，应对关键环节进行录音录像。二是明确了可回溯管理内容。电话销售渠道的业务需要全程录音；其他实施可回溯管理的，应对销售的关键环节（保险销售人员出示证件和相关资料、履行提示及明确说明义务、投保人被保险人签名等环节）进行录音录像。同时还按照"谁保存、谁质检"的原则，明确了对可回溯资料进行质量检测的要求，以保证录音录像的质量。三是明确了信息安全责任。保险公司、保险中介机构应严格依照有关法律法规规定，加强对投保人、被保险人的个人信息保护工作，对录音录像等视听资料、电子数据严格保密，不得外泄和擅自复制，严禁将资料用作其他商业用途。同时，保险公司、银行类保险兼业代理机构应制定视听资料管理办法，明确管理责任，规范调阅程序。视听资料保管期限自保险合同终止之日起计算，保险期间在 1 年以下的不得少于 5 年，保险期间超过 1 年的不得少于 10 年。如遇消费者投诉、法律诉讼等纠纷，还应至少保存至纠纷结束后 2 年。四是明确了内外部监督管理措施。明确了保险公司应通过内控制度落实销售行为可回溯管理的主体责任及对相关失职人员问责、追责的监管要求；明确了保险监管部门对保险公司、保险中介机构违反《办法》应采取相应监管措施。

10. 2017 年 12 月 29 日，中国保监会下发了《关于组织开展人身保险治理销售乱象打击非法经营专项行动的通知》。此次保监会组织开展的人身保险治理销售乱象、打击非法经营专项行动，整治重点主要包括销售乱象、渠道乱象、产品乱象和非法经营四方面。其中，将重点整治保险公司、中介机构和保险销售人员将保险产品混同为银行存款或理财产品进行销售、"存单变保单"，将保险产品与存款、国债、基金、信托等进行片面比较或承诺、夸大收益等问题。

（二）总结与点评

2017 年对于保险消费者保护的重要法规政策主要体现在以下几个方面：

一是制定和落实"1 + 4"系列文件，加强保险监管、治理市场乱象、补齐监管短板、防范行业风险、服务实体经济。二是建立完善监管公开质询制度。对于社会媒体关注、涉及公众利益或可能引发重大风险的公司治理、业务经营、资金运用及其他监管关注的事项，可向保险公司，保险公司的实际控制人、股东、投资人及其关联方和一致行动人，保险公司的董事、监事和高级管理人员及其他利益相关方进行公开质询。未按要求回复的将依法处理，质询情况纳入保险公司治理评价体系。三是贯彻党中央、国务院关于金融工作的决策部署和金融消费者保护政策要求的重要举措，出台《保险销售行为可回溯管理暂行办法》，通过对保险公司、保险中介机构保险销售行为可回溯管理，记录和保存保险销售过程关键环节，实现销售行为可回放、重要信息可查询、问题责任可确认，进一步规范保险销售服务行为，解决消费者关注的销售欺骗误导问题，切实优化保险消费环境。四是在关联交易管理方面。2017年6月保监会印发《关于进一步加强保险公司关联交易管理有关事项的通知》，明确了"穿透监管""实质重于形式"等监管原则，建立了"责任到人"的审核和追责机制，增加责令修改交易结构、责令停止关联交易等有针对性的监管措施，进一步加大了关联交易监管力度。

（三）附表：2017年中国保险消费者保护重要法律文件索引

序号	文件名称	发布单位	发布日期
1	关于进一步加强保险资金股票投资监管有关事项的通知	保监会	1月24日
2	中国保险监督管理委员会行政处罚程序规定	保监会	1月25日
3	关于离岸再保险人提供担保措施有关事项的通知	保监会	2月23日
4	关于完善监管公开质询制度有关事项的通知	保监会	3月9日
5	关于印发《2017年保险消费者权益保护工作要点》的通知	保监会	3月14日
6	关于加强相互保险组织信息披露有关事项的通知	保监会	3月28日
7	关于进一步加强保险监管 维护保险业稳定健康发展的通知	保监会	4月20日
8	关于进一步加强保险业风险防控工作的通知	保监会	4月21日
9	关于强化保险监管 打击违法违规行为 整治市场乱象的通知	保监会	4月28日
10	关于开展保险资金运用风险排查专项整治工作的通知	保监会	5月9日
11	关于2017年继续开展打击损害保险消费者合法权益行为"亮剑行动"的通知	保监会	5月10日
12	关于进一步加强人身保险公司销售管理工作的通知	保监会	5月17日
13	关于进一步加强保险公司关联交易管理有关事项的通知	保监会	6月23日
14	关于印发《保险销售行为可回溯管理暂行办法》的通知	保监会	6月28日
15	关于整治机动车辆保险市场乱象的通知	保监会	7月6日
16	关于印发《中国保监会关于加强保险消费风险提示工作的意见》的通知	保监会	9月11日
17	关于落实《保险销售行为可回溯管理暂行办法》有关事项的通知	保监会	10月23日
18	关于组织开展人身保险治理销售乱象打击非法经营专项行动的通知	保监会	12月29日

二、2018 年中国保险消费者保护

（一）重要政策、法规和事件回顾

1. 2018 年 2 月 11 日，中国保监会发布了《反保险欺诈指引》。该指引一是明确保险机构承担欺诈风险管理的主体责任。要求保险机构建立健全欺诈风险制度体系与组织架构，明确董事会及其专门委员会、监事会（监事）、管理层以及相关部门在欺诈风险管理中的作用、职责及报告路径，规范操作流程，完善基础数据和信息系统，严格考核、问责制度执行，妥善处置欺诈风险，履行报告义务。二是明确了保监会及其派出机构的职责。明确保监会及其派出机构依法对保险机构的欺诈风险管理工作实施监管，在反保险欺诈中发挥规划、协调、指导和监督作用。要求保监会及其派出机构应定期对保险机构欺诈风险管理体系的健全性和有效性进行检查和评估，并通过监管评级、风险提示、通报、约谈等方式对保险机构欺诈风险管理进行持续监管。三是明确了各单位在反欺诈协作配合机制中的职责。明确保监会及其派出机构应完善部门合作、区域合作以打击和惩戒保险欺诈的协作机制，构建跨境、跨地区交流与合作的框架体系等。要求保险机构、行业组织、中国保信等应在保监会及其派出机构的指导下深入开展行业合作，构建数据共享和欺诈风险信息互通机制，深化理论研究、学术交流和国际交流，联合开展行业行动，强化风险处置协作。

2. 2018 年 3 月 13 日，中国保监会印发《2018 年保险消费者权益保护工作要点》。文件指出，2018 年保险消费者权益保护工作要以习近平新时代中国特色社会主义思想为指引，全面贯彻党的十九大、中央经济工作会议和全国金融工作会议精神，按照保监会"1＋4"系列文件要求和 2018 年保险监管工作会议部署，坚持稳中求进工作总基调，坚持"以人民为中心"的发展思想，坚持"保险业姓保、监管姓监"，以强化保险公司维护消费者权益主体责任为工作主线，以督促保险公司切实提高和改进保险服务水平为切入点，以强化投诉处理和矛盾化解、加大查处力度、加强消费者教育和风险提示、突出透明度监管、推进保险业信用体系建设为关键环节，以稳步推进保险消费者权益保护制度机制为保障，打好治理损害保险消费者合法权益行为、防范声誉风险攻坚战，为人民群众的美好生活保驾护航。

3. 2018 年 4 月 25 日，中国银行保险监督管理委员会发布《关于互联网保险的风险提示》。中国银行保险监督管理委员会提示保险消费者，购买互联网保险时，应留意以下方面：一是阅读条款，谨防误导宣传。保险消费者要主动点击网页上的保险条款链接，认真阅读保险条款和投保须知等，结合条款内容决定是否购买相关保险产品，不要轻易被某些"吸睛"产品的宣传"噱头"误导。二是评估需求，

合理选择产品。建议保险消费者评估自身保险需求，认真了解拟购买保险产品的保险责任、除外责任、保险利益等重要内容，从而选择购买符合自身保险保障规划和实际需求的保险产品。三是擦亮眼睛，勿受高息诱惑。保险消费者要认清保险的主要功能是提供风险保障，尽管部分保险产品兼具投资功能，但其本质仍属保险产品，以保障功能为主。保险消费者不要轻信保险产品"高息"宣传，避免遭遇非法集资骗局。

（二）附表：2018 年中国保险消费者保护重要法律文件索引

序号	文件名称	发布单位	发布日期
1	反保险欺诈指引	中国保监会	2 月 11 日
2	2018 年保险消费者权益保护工作要点	中国保监会	3 月 13 日
3	关于互联网保险的风险提示	中国银行保险监督管理委员会	4 月 25 日

第四篇　2017年、2018年中国
非正规金融消费者保护

一、2017年中国非正规金融消费者保护

（一）重要法律法规和监管政策回顾

1. 2017年1月20日，国务院办公厅发布《关于规范发展区域性股权市场的通知》。通知指出，区域性股权市场实行合格投资者制度。合格投资者应是依法设立且具备一定条件的法人机构、合伙企业，金融机构依法管理的投资性计划，以及具备较强风险承受能力且金融资产不低于五十万元人民币的自然人。不得通过拆分、代持等方式变相突破合格投资者标准或单只私募证券持有人数量上限。鼓励支持区域性股权市场采取措施，吸引所在省级行政区域内的合格投资者参与。同时，证监会等国务院有关部门和省级人民政府要加强监管协同，防止监管空白和监管套利，严厉打击各类违法违规行为，维护市场秩序，切实保护投资者合法权益，防范和化解金融风险，促进区域性股权市场健康稳定发展。

2. 2017年3月16日，清理整顿各类交易场所部际联席会议办公室下发《关于做好清理整顿各类交易场所"回头看"前期阶段有关工作的通知》。通知提出，各省级人民政府按照"回头看"工作部署，抓紧报送实施方案，认真做好重点交易场所风险处置和维稳预案，逐一通知督导违规交易场所整改规范，做好交易场所会员等机构的清理整顿工作，组织对辖区内"微盘"交易平台予以清理关闭，按期公布违法违规交易场所"黑名单"，研究各类交易场所的分类撤并方案，着手建立完善各类交易场所监管制度。

3. 2017年5月27日，中国银监会、教育部、人力资源和社会保障部联合印发《关于进一步加强校园贷规范管理工作的通知》。通知明确现阶段暂停网贷平台进入校园贷，同时鼓励正规机构服务大学生信贷需求，以电商为代表的互联网平台可以继续与银行合作开展校园信贷服务。

4. 2017年9月4日，中国人民银行等七部委联合发布《关于防范代币发行融

资风险的公告》，明确指出代币发行融资本质上是一种未经批准非法公开融资的行为，涉嫌非法发售代币票券、非法发行证券以及非法集资、金融诈骗、传销等违法犯罪活动，要求自公告发布之日起，各类代币发行融资活动应当立即停止，已完成代币发行融资的组织和个人应当做出清退等安排。

5. 2017年11月17日，中国人民银行会同银监会、证监会、保监会、国家外汇局等部门联合起草了《关于规范金融机构资产管理业务的指导意见（征求意见稿）》并公开征求意见。"资管新规"其中的一项重要原则就是坚持宏观审慎管理与微观审慎监管相结合、机构监管与功能监管相结合的监管理念，实现对各类机构开展资管业务的全面、统一覆盖，进一步加强对金融消费者的保护。

6. 2017年12月1日，互联网金融风险专项整治工作领导小组办公室、P2P网贷风险专项整治工作领导小组办公室联合发布《关于规范整顿"现金贷"业务的通知》，清理整顿现金贷行业乱象，划定从业机构应遵循的红线。从严整治现金贷风险，严控银行等金融机构通过保证金、配资、联合放贷、助贷等模式，变相参与到"现金贷"资金来源和业务合作，整治行业乱象，防范潜在金融风险。

7. 2017年12月8日，P2P网贷风险专项整治工作领导小组办公室印发《关于做好P2P网络借贷风险专项整治整改验收工作的通知》，对此前《小额贷款公司网络小额贷款业务风险专项整治实施方案》中提到的下一步整治验收工作作出了具体、详细部署，要求各地最迟必须在2018年6月底前完成辖内主要P2P机构的整治整改验收工作，以及对债权转让、风险备付金、资金存管等关键性问题作出进一步的解释说明。通知对此前各地细则中包括债权转让是否合规、能否提取风险备付金、资金存管等11项关键性问题做了统一定调：对于债权转让是否合规，应当具体问题具体分析；对于风险备付金，禁止平台继续提取、新增风险备付金等；对于资金存管，P2P应当与通过测评的银行开展资金存管业务，不过未提及是否必须银行存管属地化；对综合借款成本及"现金贷"、法人及分支机构备案、线下经营、业务规模控制、与地方金融交易所合作、业务外包及机构分立、信息披露、基础设施8项具体问题作出解释，明确了监管要求。

8. 2017年12月25日，中国人民银行印发《条码支付业务规范（试行）》，配套印发《条码支付安全技术规范（试行）》和《条码支付受理终端技术规范（试行）》。该规范指出，为规范条码支付业务，保护消费者合法权益，维护市场公平竞争环境，促进移动支付业务健康可持续发展，对于非银行支付机构向客户提供基于条码技术的付款服务的，应当取得网络支付业务许可；支付机构为实体特约商户和网络特约商户提供条码支付收单服务的，应当分别取得银行卡收单业务许可和网络支付业务许可。

（二）总结与点评

2017 年非正规金融消费者保护规范和政策的重点是整顿网络借贷和代币发行融资。对于网络借贷，监管部门要求银行业金融机构不得以任何形式，为无放贷业务资质的机构提供资金发放贷款，不得与无放贷业务资质的机构共同出资发放贷款；不得直接投资或通过理财等变相投资以"现金贷""校园贷""首付贷"等为基础资产发售的（类）证券化产品和其他产品；同时银行等与第三方机构合作开展贷款业务的，不得将授信审查、风险控制等核心业务外包。力求通过严厉整治行业乱象，防范潜在金融风险，保护金融消费者的合法权益。

而曾创造出一夜暴富神话的首次代币发行（ICO），被官方正式定性为非法集资。人民银行等七部委明确指出代币发行融资本质上是一种未经批准非法公开融资的行为，涉嫌非法发售代币票券、非法发行证券以及非法集资、金融诈骗、传销等违法犯罪活动，要求自 2017 年 9 月 4 日《关于防范代币发行融资风险的公告》发布之日起，各类代币发行融资活动应当立即停止，已完成代币发行融资的组织和个人应当作出清退等安排。除对 ICO 活动定性外，监管部门还对参与 ICO 的相关平台予以规范。按照要求，任何所谓代币融资交易平台有三"不得"：不得从事法定货币与代币、"虚拟货币"相互之间的兑换业务；不得买卖或作为中央对手方买卖代币或"虚拟货币"；不得为代币或"虚拟货币"提供定价、信息中介等服务。各金融机构和非银行支付机构有两"不得"：不得直接或间接为代币发行融资和为"虚拟货币"提供账户开立、登记、交易、清算、结算等产品或服务；不得承保与代币和"虚拟货币"相关的保险业务或将代币和"虚拟货币"纳入保险责任范围。

（三）附表：2017 年中国非正规金融消费者保护重要法律文件索引

序号	文件名称	发布单位	发布日期
1	关于规范发展区域性股权市场的通知	国务院办公厅	1 月 20 日
2	关于做好清理整顿各类交易场所"回头看"前期阶段有关工作的通知	清理整顿各类交易场所部际联席会议办公室	3 月 16 日
3	关于进一步加强校园贷规范管理工作的通知	中国银监会、教育部、人力资源和社会保障部	5 月 27 日
4	关于防范代币发行融资风险的公告	中国人民银行、中央网信办、工业和信息化部、工商总局、银监会、证监会、保监会	9 月 4 日
5	关于规范金融机构资产管理业务的指导意见（征求意见稿）	中国人民银行、银监会、证监会、保监会、国家外汇局	11 月 17 日

续表

序号	文件名称	发布单位	颁布日期
6	关于规范整顿"现金贷"业务的通知	互联网金融风险专项整治工作领导小组办公室、P2P 网贷风险专项整治工作领导小组办公室	12 月 1 日
7	关于做好 P2P 网络借贷风险专项整治整改验收工作的通知	P2P 网贷风险专项整治工作领导小组办公室	12 月 8 日
8	《条码支付业务规范（试行）》，配套印发《条码支付安全技术规范（试行）》和《条码支付受理终端技术规范（试行）》	中国人民银行	12 月 25 日

二、2018 年中国非正规金融消费者保护

（一）重要法律法规和监管政策回顾

1. 2018 年 3 月 28 日，互联网金融风险专项整治工作领导小组办公室发布《关于加大通过互联网开展资产管理业务整治力度及开展验收工作的通知》。通知要求通过互联网开展资产管理业务的本质是开展资产管理业务。资产管理业务作为金融业务，属于特许经营行业，须纳入金融监管。非金融机构不得发行、销售资产管理产品，国家另有规定的除外。依托互联网公开发行、销售资产管理产品，须取得中央金融管理部门颁发的资产管理业务牌照或资产管理产品代销牌照。未经许可，不得依托互联网公开发行、销售资产管理产品。未经许可，依托互联网销售资产管理产品的行为，须立即停止，存量业务应当最迟于 2018 年 6 月底前压缩至零。个别从业机构情况特别复杂、确有必要适当延长整改时限的，应经省级人民政府批准，并由省级人民政府指定相关部门负责后续整改监督及验收。

2. 2018 年 4 月 12 日，中国银行保险监督管理委员会、工业和信息化部、公安部、商务部、人民银行、国家市场监督管理总局联合发布《防范"消费返利"风险，谨防利益受损提示》。文件指出，近期，一些第三方平台打着"创业""创新"的旗号，以"购物返本""消费等于赚钱""你消费我还钱"为噱头，承诺高额甚至全额返还消费款、加盟费等，以此吸引消费者、商家投入资金。此类"消费返利"不同于正常商家返利促销活动，存在较大风险隐患。此类平台运作模式违背价值规律，一旦资金链断裂，参与者将面临严重损失。按照有关规定，参与非法集资不受法律保护，风险自担，责任自负；参与传销属违法行为，将依法承担相应责

任。请广大公众和商家提高警惕，增强风险防范意识和识别能力，防止利益受损。同时，对掌握的违法犯罪线索，可积极向有关部门反映。

3. 2018 年 4 月 16 日，中国银行保险监督管理委员会、公安部、国家市场监督管理总局、中国人民银行发布《关于规范民间借贷行为　维护经济金融秩序有关事项的通知》。通知指出，近年来，民间借贷发展迅速，以暴力催收为主要表现特征的非法活动愈演愈烈，严重扰乱了经济金融秩序和社会秩序。各有关方面要充分认识规范民间借贷行为的必要性和暴力催收的社会危害性，从贯彻落实全面依法治国基本方略、维护经济金融秩序、保持经济和社会稳定的高度出发，认真抓好相关工作。要严格执行《中华人民共和国银行业监督管理法》《中华人民共和国商业银行法》及《非法金融机构和非法金融业务活动取缔办法》等法律规范，未经有权机关依法批准，任何单位和个人不得设立从事或者主要从事发放贷款业务的机构或以发放贷款为日常业务活动。

4. 2018 年 8 月 1 日，最高人民法院发布《关于依法妥善审理民间借贷案件的通知》。通知共四条，从司法指导的角度，要求各级人民法院在审理民间借贷案件时务求妥善，从加大对借款事实和证据审查力度、严格区分民间借贷和诈骗、严守法定利息红线、建立民间借贷纠纷防范和解决机制等四个方面，提升民间借贷司法水平，着力避免违法犯罪分子披着民间借贷外衣套用司法保护的情况，特别要注意甄别非法侵占财物的"套路贷"诈骗等新型犯罪，保护人民群众的合法权益，维护金融市场秩序，保障社会和谐稳定。

5. 2018 年 8 月 8 日，财政部、中央文明办、国家发展改革委等发布《关于综合治理擅自利用互联网销售彩票行为的公告》。公告指出，坚决禁止擅自利用互联网销售彩票行为。截至目前，财政部尚未批准任何彩票机构开通利用互联网销售彩票业务。未经财政部批准，福利彩票和体育彩票机构及其代销者不得以任何形式擅自利用互联网销售彩票，任何企业或个人不得开展任何形式的互联网销售彩票相关业务。严厉打击以彩票名义开展的网络私彩、网络赌博等任何形式的违法违规经营活动。

6. 2018 年 8 月 20 日，民政部办公厅发布《关于进一步做好养老服务领域防范和处置非法集资有关工作的通知》。通知要求各地民政部门要加强法律政策解读，丰富宣传渠道，通过以案说法等方式介绍非法集资的特征、表现形式和常见手段，使老年人及其家人有效识别养老服务领域非法集资行为。加强举报奖励政策宣传，鼓励群众举报养老服务领域非法集资线索。根据各地实际，对以养老服务领域"会员卡""预付费""投资养老公寓"等名义可能涉嫌非法集资行为，及时发布风险提示，加强金融知识普及。加强城乡偏远地区宣传力度，特别是做好面向空巢、留守等特殊老年群体的宣传引导，确保宣传教育全覆盖。

7. 2018 年 8 月 24 日，中国银保监会、中央网信办、公安部、人民银行、国家市场监管总局联合发布《关于防范以"虚拟货币""区块链"名义进行非法集资的风险提示》。文件指出，近期，一些不法分子打着"金融创新""区块链"的旗号，通过发行所谓"虚拟货币""虚拟资产""数字资产"等方式吸收资金，侵害公众合法权益。此类活动并非真正基于区块链技术，而是炒作区块链概念行非法集资、传销、诈骗之实。此类活动以"金融创新"为噱头，实质是"借新还旧"的庞氏骗局，资金运转难以长期维系。请广大公众理性看待区块链，不要盲目相信天花乱坠的承诺，树立正确的货币观念和投资理念，切实提高风险意识；对发现的违法犯罪线索，可积极向有关部门举报反映。

8. 2018 年 8 月 28 日，教育部办公厅发布《关于进一步加强防范非法集资有关工作的通知》。通知要求各地各高校要在秋季开学一段时间内，集中开展防范非法集资宣传教育进校园活动，充分利用学校课堂、校园广播电视、宣传栏、校园网、微信等形式，教育引导广大师生树立合理的理财观念，提高广大师生对非法集资风险的防范意识，使广大师生牢固树立"高收益必然伴随高风险""参与非法集资风险自担、责任自负"的意识，消除学生对"非法集资损失政府买单"的误解和不当期盼，引导师生绝不参与非法集资活动。

（二）附表：2018 年中国非正规金融消费者保护重要法律文件索引

序号	文件名称	发布单位	发布日期
1	关于加大通过互联网开展资产管理业务整治力度及开展验收工作的通知	互联网金融风险专项整治工作领导小组办公室	3 月 28 日
2	防范"消费返利"风险，谨防利益受损提示	中国银行保险监督管理委员会、工业和信息化部、公安部、商务部、人民银行、国家市场监督管理总局	4 月 12 日
3	关于规范民间借贷行为　维护经济金融秩序有关事项的通知	中国银行保险监督管理委员会、公安部、国家市场监督管理总局、中国人民银行	4 月 16 日
4	关于依法妥善审理民间借贷案件的通知	最高人民法院	8 月 1 日
5	关于综合治理擅自利用互联网销售彩票行为的公告	财政部、中央文明办、国家发展改革委	8 月 8 日
6	关于进一步做好养老服务领域防范和处置非法集资有关工作的通知	民政部办公厅	8 月 20 日
7	关于防范以"虚拟货币""区块链"名义进行非法集资的风险提示	中国银保监会、中央网信办、公安部、人民银行、国家市场监督管理总局	8 月 24 日
8	关于进一步加强防范非法集资有关工作的通知	教育部办公厅	8 月 28 日

第三部分

金融消费者权益保护
典型案例

案例一　手机中病毒致借记卡盗刷案

问题描述

2016 年 9 月 15 日傍晚，王某持 S 银行发行的借记卡，在其工作单位附近的 S 银行 ATM 取款时发现余额不足。王某回忆在 11 日曾持该卡取款，清楚记得卡上余额为 5 000 余元，令其大为疑惑。16 日上午，王某前往 S 银行打印借记卡流水发现，该卡曾在 12 日发生过一笔银行卡转账，收款人为姜某，金额为 4 900 元。王某表示并不认识姜某，该笔转账非自己操作，并且该借记卡一直在自己手中，并没有出借他人或者丢失过。王某意识到自己的银行卡被他人盗刷，立即前往青岛市开发区某派出所报案。后王某与 S 银行进行沟通，银行表示该笔转账是在账号、密码以及短信验证码完全无误的情况下进行的，故银行方无过错。王某认为该借记卡从未离开自己，并且自己从未将密码泄露给他人，如今借记卡被盗刷，S 银行没有尽到安全保障义务，应当赔偿自己的财产损失。

案件处理

维权的过程：2018 年 4 月，王某向青岛市市南区人民法院提起民事诉讼，法院立案后将案件委托青岛市金融消费权益保护协会（以下简称协会）进行调解。为确保案件调解结果的公正性和客观性，调解前协会召集青岛市多家银行相关部门，围绕电子银行业务的主要类型及电子银行网银盗刷案件中不法分子作案手段方式，以及如何防范网银盗刷风险等方面进行研讨，为调解做了充分准备。

调解过程中，调解员围绕着转账发生的原因和责任承担问题与双方进行沟通。据 S 银行介绍，王某于 2014 年 10 月向 S 银行申请开通了网银转账功能，并设定了日限额，选择了"短信验证码转账"方式，即"开通后即可在手机银行、Pad 银行、网银大众版等渠道凭短信验证码进行转账"，本案中王某的转账交易系通过 S 银行网上银行进行的操作。网银转账是不需要实体卡片的，客户需提供登录账户（输入用户名或卡号、登录密码和手机验证码）、输入支付密码、点击获取短信验证码以及填写验证码（系统完成校验）等信息，在提供以上全部准确信息后方能完成转账，并将上述内容向王某予以说明。

S 银行称，在交易过程中，该账户输入了正确的登录密码，向预留的手机发出两次短信验证码也均得到验证，在此情况下 S 银行完成相关操作没有不当之处。王某提到，在 9 月 12 日当天，自己绑定有 S 银行卡的手机突然出现黑屏、系统崩溃的情况，无法接打电话和发送短信，王某遂前往专卖店进行维修，至 ATM 取款也是发生在维修手机之后。后王某通过比对银行卡流水发现，发生转账时间也与手机出现异常状况的时间相吻合。据此，调解员认定本案系王某因手机中木马病毒使信息泄露，致借记卡被盗刷。

随后调解员向王某说明了不法分子利用手机病毒盗刷银行卡的手段，并向其普及保护个人信息安全和手机使用安全相关知识。随着调解的深入，双方态度逐渐缓和，并站在对方的角度考虑问题。王某认识到自己因手机使用不善致使手机中木马病毒而泄露了相关信息，造成资金损失；S 银行在调解员的建议下，从维系客户的角度出发，对王某进行适当补偿。最终双方达成和解，调解成功。

维权的方法：报警、诉讼、调解

维权的结果：王某因手机中木马病毒导致信息泄露，对所造成资金损失负全部责任；S 银行从维护客户的角度出发，赠送价值 600 元的礼品。

案例点评

本案中，王某与 S 银行之间系储蓄合同关系，依据《中华人民共和国合同法》第一百二十四条规定："本法分则或者其他法律没有明文规定的合同，适用本法总则的规定，并可以参照本法分则或者其他法律最相类似的规定。"故王某与银行之间均应依法律规定，履行约定义务，并承担法定义务。依《中华人民共和国商业银行法》第六条规定："商业银行应当保障存款人的合法权益不受任何单位和个人的侵犯。"故 S 银行对形成储蓄合同关系的王某的存款负有法定的安全保障义务，应当保障其账户内资金安全。本案中，王某的转账交易系通过 S 银行网上银行进行的操作，交易过程中 S 银行在王某网银账号、密码正确的情况下，向该账户绑定的手机发出两次短信验证信息并获得验证。S 银行依据双方约定的审核义务办理了转账，在责任范围内尽到了安全保障义务。

有关本案的责任分担问题，《中华人民共和国合同法》第一百零七条规定："当事人一方不履行合同义务或者履行合同义务不符合约定的，应当承担继续履行、采取补救措施或者赔偿损失等违约责任。"在本案中，S 银行与王某之间形成的是储蓄合同关系，故要求 S 银行承担责任须看其是否存在违约情形。在将本案认定为手机中木马病毒致借记卡被盗刷的情况下，因王某自身的原因致使手机被植入木马病毒，不法分子窃取了客户相关信息，其中包括了短信验证码等。依据双方签订的《S银行网上支付协议》的规定，"S银行通过向客户预留的手机号码发送动态验证码的方式追加验证，以确保客户交易安全……客户应妥善保管移动电话所涉相关信息，并保持移动电话通讯和使用功能通畅。"该协议并未违反法律法规规定，应为有效条款，S银行系统根据两次正确的短信验证信息完成转账业务，视同本人操作，银行方无不当之处，故银行不应当承担责任。

司法中追求"以事实为依据，以法律为准绳"的原则，调解也须严格以公平公正，不偏不倚为准则。本案中调解员立足基本事实的基础上，以法律为依据，将法、理、情相融合，公正、高效地解决双方纠纷，获得当事双方的高度认可；通过和解，双方加强了谅解，S银行充分体谅客户维权的艰辛，并致以问候，维系了客户关系。

案例提供单位：青岛市金融消费权益保护协会。

案例二 金融机构怠于删除客户
不良信息被判侵犯名誉权

问题描述

2009 年 9 月，张某向 A 农商行借款 27 万元，借期一年，并由其他三人担保。借款到期后，张某未能按约还款。2011 年 5 月，A 农商行向法院起诉，法院依法判决张某承担还款责任，其他三名担保人承担连带还款责任。判决生效后，农商行申请法院强制执行。执行过程中，A 农商行与张某达成和解协议，由张某一次性支付借款本息 17 万元及诉讼费、执行费，A 农商行放弃其他借款本息。后张某按约履行了相应义务，A 农商行向法院递交了结案报告，法院于 2011 年 12 月向 A 农商行送达了执结通知书，告知该案已"依法执行完毕"。2016 年 9 月，张某因经营需要向银行申请贷款时，被告知其在人民银行征信中心有逾期信用记录，导致贷款申请被驳回。经查，张某在中国人民银行征信中心查询的个人信用报告显示，27 万元贷款仍记载为 10 万元本金逾期状态。

案件处理

维权的过程：张某以侵犯其名誉权为由将 A 农商行告上了法庭。某市人民法院在一审判决中指出本案主要有三个争议点：一是 A 农商行记载并向中国人民银行征信中心提供的张某的贷款逾期状态是否准确；二是 A 农商行的行为是否属于《征信业管理条例》第十六条第一款规定的应当删除的情形；三是张某的损失能否得到支持。某市人民法院根据当事双方提供的证据作出了一审判决，要求 A 农商行在判决生效后十日内向中国人民银行征信中心报送删除张某案涉不良信息的申请，在判决生效后十日内赔偿张某精神损害抚慰金 5 000 元。

A 农商行不服一审判决结果，遂向某市中级人民法院提出上诉。2018 年 4 月 27 日，某市中级人民法院对此案作出了终审判决：法院认为 A 农商行系向中国人民银行征信中心提供个人信用信息的主体，应当及时、准确、完整地提供涉及个人信用的相关信息。A 农商行与张某债务纠纷双方经过诉讼、执行已经了结纠纷，自执行终止之日张某已无逾期贷款需要归还，A 农商行应及时更新逾期贷款的处理情况，使得其上报的关于张某个人信用情况的信息准确、完整，但其怠于上报说明，直至双方债权债务了结 5 年后仍未上报更新或删除逾期贷款信息，在张某以书面方式提出异议要求删除后其仍不予删除，其行为不符合《征信业管理条例》的规定。个人信用信息对个人能否充分从事社会经济活动有越来越重要的影响，对个人信用度的评价是个人名誉的一部分，建立在错误或不完整信用信息基础上对个人信用度的低评价会导致个人名誉在一定范围内的贬损，如 A 农商行拒不根据《征信管理条例》的规定删除张某的个人不良信息行为构成对张某名誉权的侵犯。二审法院驳回上诉，维持原判。

维权的方法：张某以书面方式向 A 农商行提出征信异议要求删除但银行不予删除，遂以侵犯其名誉权为由将 A 农商行告上了法庭。

维权的结果：某市中级人民法院对这起名誉权纠纷案作出终审判决，被告 A 农商行被判构成侵犯名誉权，应在判决生效后十日内向中国人民银行征信中心报送删除原告张某逾期信息的申请，并赔偿原告精神损害抚慰金 5 000 元。

案例点评

典型意义：本案中金融机构怠于履行职责，侵害金融消费者合法权益所引发的问题值得关注。

创新性：《征信业管理条例》第十六条规定：“征信机构对个人不良信息的保存期限，自不良行为或者事件终止之日起为 5 年；超过 5 年的，应当予以删除。在不良信息保存期限内，信息主体可以对不良信息作出说明，征信机构应当予以记载。”从保护金融消费者合法权益的角度来看，个人不良信息保存 5 年的目的之一在于督促消费者在金融商事活动中遵守诚实信用原则，让相关单位或机构了解该不良行为主体的征信情况，发挥信用惩戒作用。2017 年 7 月张某起诉时，其不良信息在征信机构保持的时间已经超过 5 年，受到了应有的惩戒。且张某贷款逾期纠纷已由法院强制执行，其逾期还贷的不良行为已经于法院实体执结时终止。因此，A 农商行怠于删除其逾期记录的行为对其名誉权造成了不良影响。

可借鉴性：张某在维护自身权益方面的做法值得借鉴。金融消费者在与金融机构协商未果的情况下，从维护自身名誉权的角度出发，向法院提起诉讼，依靠司法途径有效维护自身合法权益。

案例提供单位：中国人民银行滨州市中心支行。

案例三　银行应与客户约定电子密码器支付限额并风险揭示

——施俐华诉中国工商银行股份有限公司上海市水电路支行案

问题描述

原告施俐华接到自称警方人员的电话，要求原告协助警方办案，将名下全部资金归集到工商银行账户，随后前往被告中国工商银行股份有限公司上海市水电路支行处，在被告工作人员指导下，将其理财金账户卡在智能终端机上开通了网上银行和手机银行，领取了电子密码器和电子银行注册回单。此后，原告将钱款先后归集到涉案账户。款项入账后，经手机银行操作陆续转出至案外人账户。从 2016 年 12 月 28 日起至 12 月 30 日止，上述转款行为持续三天，转出金额每次不超过 5 万元，共计 27 次，总金额 1 253 188 元。2017 年 1 月 5 日，上海市公安局虹口分局以原告被诈骗立案。

案件处理

维权的过程：原告认为被告应当保障存款人的合法权益不受侵犯。原告未开通网上银行，也未将账号和密码告知他人，被告未向原告告知密码器的功能、使用方法和注意事项，导致原告资金损失，故诉至本院，请求（1）判令被告赔偿原告经济损失 1 253 188 元；（2）判令被告按银行同期存款利率计赔偿原告利息损失。法院在审理中，查阅了双方的储蓄合同关系和人民银行管理性规定，认定储户作为账户和密码的持有者应当审慎保管账户和密码信息。银行作为交易模式的提供者、交易规则的制定者，应当采取合理方式，保障储户资金安全，就高风险环节向储户履行与风险相适应的告知和信息披露义务。

维权的方法：根据案情将本案分解为以下争议焦点并展开事实调查：（1）原告是否尽到银行卡信息妥善保管义务及涉案账户资金损失的直接原因。原告签名承诺遵守"中国工商银行电子银行个人客户服务协议"及章程的规定，故原告应当知悉其对账户密码以及电子密码器动态密码等重要信息的妥善保管义务。（2）被告在电子银行注册过程中与原告就合同重要条款是否未达成合意，是否存在擅自单方设定权利义务的情形。被告未按人民银行规定与原告约定对外支付限额，自行按其《个人电子银行交易规则》中的最高支付限额操作，且强制性统一开通网上银行和手机银行。（3）被告在电子银行注册过程中是否充分履行信息披露义务。被告并未在开通电子银行过程中以显著方式直接告知原告密码器的使用风险，未在储户勾选认证介质时同步就该介质风险进行释明，仅事后告知原告自行查看说明书，尚不够充分，与电子密码器的大额支付风险不相匹配。（4）被告在交易过程中是否存在审核不严和安全技术缺陷。被告在交易过程中已向绑定手机号码发出短信提醒，就大额转账在手机银行的操作页面设置了提示内容。

维权的结果：

原告损失产生的直接原因系原告未履行密码保管义务。涉案转账行为持续三天，原告对其账户资金及银行交付的凭证、密码器及说明书缺乏基本的审慎和注意。原告还听信诈骗电话主动归集大额资金到涉案账户，在归集资金转账过程中，忽视被告以"银行柜面业务告知单"方式作出的防诈骗风险提示，造成损失数额进一步扩大。因此，原告应对其损失承担主要责任。被告作为专业金融机构，在开展电子交易业务时缺乏对储户合同权利的尊重，违反人民银行相关规定，未充分履行信息披露义务，亦存在过错，应对原告损失承担部分赔偿责任。综合考虑双方过错与损失的因果关系，法院酌定被告赔偿原告资金损失25万元。原告主张的利息损失，因主要责任在原告，故法院不予支持，所涉款项今后若能追回，双方可按损失承担比例分配受偿。

据此，上海市虹口区人民法院于2018年3月29日作出（2017）沪0109民初11101号民事判决：（1）被告中国工商银行股份有限公司上海市水电路支行应于本判决生效之日起十日内赔付原告施俐华损失25万元；（2）驳回原告施俐华的其余诉讼请求。原被告双方不服一审判决提起上诉，上海市第二中级人民法院于2018年7月27日作出（2018）沪02民终5232号终审判决：驳回上诉，维持原判。

案件点评

在"智能化"时代，银行的离柜金融服务高度依赖系统程序判定交易主体的身份，与面对面的人工审查相比，电子银行账户的实际操作人更易脱离于账户持有人，由此银行应承担更重的保障储户账户安全的义务。对于电子密码器这一新型身份认证模式，法院认定银行和储户之间就电子银行开通方式、对外支付的交易限额等内容应纳入合同进行明确约定，同时基于服务合同的附随义务，银行应就电子密码器使用风险、手机银行与网上银行等电子银行的区别及不同风险等重要信息进行披露和告知，尊重和保护储户选择权和知情权。鉴于当下手机银行和网上银行普遍使用，上述原则的确立，对于保护金融消费者的权益具有重要意义。同时，仍明确违反密码保管义务和防止损失扩大义务的储户应负主要责任，引导储户树立正确的风险防范意识。当银行未完全、充分履行上述信息披露义务，由此导致持卡人未能警惕可能发生的风险并及时采取必要的防范措施，银行亦应就其过错对储户损失承担部分赔偿责任。

　　　　　　案例提供单位：上海市虹口区人民法院金融审判庭。

案例四 成功劝诫客户放弃投资高风险网贷平台

问题描述

我行自开展金融消费权益保护以来，一直要求客户经理针对客户风险偏好向客户推介适合客户的理财或代销产品，将客户利益与合规营销视为业务发展的必要出发点。

某日下午，我行客户 W 先生来行咨询我行近期理财及代销产品收益率，在得到理财经理的讲解后表示我行产品收益偏低，并拿出手机指着其中一个应用 App 称该软件为 QH 科技公司产品，其业务以网贷收益率高闻名。客户表示待我行某款已购产品到期后将资金转入该平台，不仅可以获得明显高于市场的回报并且还能够取得平台投资返点等奖励。我行理财经理在了解客户描述的信息后，向客户问明软件名称后进行了下载与注册登录。

通过我行工作人员的专业知识与查询资料，发现该平台产品风险偏好评估环节存在误导倾向，容易使客户获得不符合自身实际情况的风险评估等级；在进一步了解产品披露信息后，更是发现了该平台产品未配备有资金存管环节，客户资金投入后可能产生平台账户、投资者账户、借款人账户管理混乱情况，同时也为平台非法挪用资金提供了有利条件。同时，该平台产品对下游借款企业或个人的信息披露遮遮掩掩，未进行详细显示与说明；即便有些借款人经"企查查"软件查询确实存在，但有大量风险提示信息。理财经理判断，该平台产品的风险较大，与 W 先生在我行系统中显示的风险评级不匹配。

案件处理

我行理财经理根据丰富的财富管理类产品营销经验与专业的投资知识向 W 先生阐述了该平台的风险性，但其认为是我行理财人员出于业绩考虑而夸大风险，坚持认为该平台低风险高收益，是一种安全的投资手段，随后离开我行营业网点。

理财经理未受到客户误解与态度的不良影响，通过各渠道继续收集该平台信息以及有关行业的相关风险管理知识。在两天之后，客户经理再次电联客户邀请其来我行就该网贷平台进行分析。客户虽然一开始不太情愿，但通过理财经理的诚挚话术及以往在我行投资的信任基础上应约来到我行网点。

在本次平台分析过程中，我行员工就网贷平台行业的经营分析、产品收益来源、风险形成原因等因素对客户进行了由浅入深的讲述与解答。同时，将近期出现的很多违约、跑路平台的特点与该平台进行了对比，W 先生此时才明白原来该平台确实存在很多问题与疑点，同时理解了资金存管对此类平台风险管理的重要性。W 先生表示不会投资该平台，并告诫周围的亲属、朋友也远离不安全的投资渠道，合理使用适合自身风险偏好的金融工具。

今年 6 月底，W 先生致电我行理财经理表示感谢，称该平台在当月出现提现困难情况并在一周内接连发布公告称平台资金链断裂、部分产品到期后将无法正常兑付，可能将于近期公布重组的消息。W 先生因我行理财经理详细分析而避免了财产损失表示十分庆幸，同时对我行员工的认真负责态度以及财富管理知识的专业性给予了高度表扬。

在本次事例处理过程中，虽然客户也曾有不理解的情绪，但能成功避免客户的损失让分行所有同事深感欣慰。在今后的工作中，我行将继续提高警惕，用心真诚服务，为客户的资金安全保驾护航。

处理过程：

1. 向客户了解该平台具体名称，通过自身专业知识进一步了解该平台背景与产品情况。

2. 联系客户再次进行现场分析解答，使客户理解该行业相关知识与平台的风险性，指导客户远离风险投资渠道。

处理结果：避免了客户的财产损失，维护保障了客户资金安全，得到了客户的信任和感激并成为了本行忠实的理财客户。

案例点评

从结果而言，一方面我行工作人员本着对客户负责的态度，结合自身专业知识成功让客户避免了财产损失，并且使客户得到了实用的金融知识；另一方面在经历本次事例后，客户成为我行忠实客户。

从过程来说，体现了我行消费者权益保护工作的不懈努力，将客户在实际生活中出现的情况与自身专业知识匹配，做到了真正在工作中保护客户利益、推广普及保护金融消费者知识的目的。

案例提供单位：南洋商业银行（中国）有限公司。

案例五　办理电信套餐
导致信用记录"被结婚"案

问题描述

2017 年 9 月 19 日，四川工程职业技术学院（以下简称四川工院）学生王某查询个人信用报告时发现两处信息错误：一是婚姻状况为"已婚"，而本人实际未婚；二是有哈尔滨银行发放的贷款记录（已结清），而其认为从未在该行办理贷款。经其多方了解，发现在 2015 年 9 月中国电信某代理商处办理"校园套餐"时，提供了身份证原件，并填写了"佰仟金融个人消费贷款申请表"，哈尔滨银行后续上传信用信息时，误将其婚姻状况登记为"已婚"。王某随后向电信公司、佰仟金融公司和哈尔滨银行致电，并提出更正信用报告错误的婚姻状况要求。哈尔滨银行虽口头答应，却迟迟未解决，王某遂通过 QQ 群发布这一信息，引发该校办理"校园套餐"业务的学生到人民银行德阳市中心支行征信服务大厅，排长队查询征信报告的情况，导致该中支连续两日个人信用报告日查询量激增。

案件处理

处理的过程：人民银行德阳市中心支行主动到四川工院与校方沟通，集中对该校教师和辅导员进行征信知识宣讲，帮助校方做好学生安抚。由于涉事机构哈尔滨银行不在该辖区，人民银行德阳市中心支行积极向上级行（人民银行成都分行）汇报，争取上级行协助。

处理的方法：人民银行德阳市中心支行主动发现问题并积极协助解决。

处理的结果：在人民银行成都分行协调下，人民银行德阳市中心支行与哈尔滨银行取得联系，由校方提供学生需处理的错误信息资料后，涉事金融机构在收到相关学生名单 24 小时内将 651 名四川工院学生婚姻状况在征信系统中更正处理完毕。

案例点评

1. 问题的法律分析。首先，婚姻状况属于客户身份信息。《人民银行关于银行业金融机构做好个人金融信息保护工作的通知》（银发〔2011〕17 号）明确指出，"个人身份信息，包括个人姓名、性别、国籍、民族、身份证件种类号码及有效期限、职业、联系方式、婚姻状况、家庭状况、住所或工作单位地址及照片等"。《个人信用信息基础数据库管理暂行办法》明确"本办法所称个人信用信息包括个人基本信息、个人信贷交易信息以及反映个人信用状况的其他信息""前款所称个人基本信息是指自然人身份识别信息、职业和居住地址等信息"。再者，信用记录中婚姻状况记载错误应更正。从法律规定层面看，《征信业管理条例》规定："信息主体认为征信机构采集、保存、提供的信息存在错误、遗漏的，有权向信息提供者提出异议，要求更正。""征信机构或者信息提供者收到异议，应当按照国务院征信业监督管理部门的规定对相关信息作出存在异议的标注，自收到异议之日起 20 日内进行核查和处理，并将结果书面答复异议人。"从现实需求看，婚姻状况关乎客户基本身份情况，信用报告中相关信息记载错误，可能影响到客户办理信贷业务，甚至出国、就学、就业等事项申请，记录错误的银行应当依法予以更正。

2. 案例的启示及典型意义。本案属于办理电信套餐，因信息录入错误导致信用报告失真。现代社会，金融已经渗透到消费者生活的方方面面，以多样化的形态存在。近年来，媒体披露电信消费者办理"零元购机"等业务后"被贷款"等情况屡见不鲜，令人防不胜防，而针对在校学生的网络借贷诈骗手段更是花样翻新。在校大学生社会经验不足，消费观念超前，虚荣心、攀比心强，而自身经济实力又难以支撑消费欲望和消费习惯，一旦进行网络借贷，尤其是"校园贷"，发生未按时还款的情形，极有可能会对个人信用记录造成不良的影响，甚至影响到整个家庭。因此，金融消费者在办理有关业务时，除关注各类产品、服务的收益和便利性外，还要注意清晰了解业务本质，审慎签署各类协议，避免后续可能导致的各类风险。各银行业机构应当审慎开展对外业务合作和创新，特别是要落实《中国人民银行金融消费者权益保护实施办法》的规定，将金融消费者保护的工作要求贯穿于产品研发论证、营销宣传、销售和售后服务的全过程，避免单纯追求效益盲目创新。充分履行相关信息披露和告知义务，明确与业务合作方的权利义务，加强监督，保障消费者知情权等各项权利。人民银行应不断完善上下联动和跨地区协调的金融消费者权益保护机制，在坚持属地管理的基础上，建立人民银行跨地区协作机制，通过灵活方式处理异地投诉和案件，便利消费者维护自身权益，防范金融风险。

3. 案件处理过程的特点。本案是人民银行在日常服务过程中，主动发现并解决金融消费者遇到的困难和难题。在自身权限不足的情形下，及时报告并争取上级行的支持和协调，最终圆满解决问题，是人民银行坚持以人民为中心，牢固树立金融为民理念的具体体现。

4. 大众受益程度及可借鉴性。导致本案发生的原因主要在于金融机构对金融消费者个人身份信息的错误登记，在金融消费者提出及时解决并更正错误信息而久拖不决的情形下，引起在校大学生对个人征信信息的查询和关注。人民银行在日常服务过程中，主动发现、了解并解决问题，才免于此事升级为群体性事件。人民银行应坚持金融服务为民理念，在提供日常金融服务时，除加强对业务的指导外，也要增强对外服务的主动性和有效性，积极关切并解决金融消费者遇到的困难和难题。同时，在校大学生办理业务时，应认真审阅各类业务文本内容及协议，避免出现各类"被贷款""被套路"等问题。

此外，针对当前学生参与各类借贷被诈骗的社会热点问题，高校和家庭需要培育和引导大学生增强其对有害网络借贷业务的甄别和抵制能力，树立正确消费观。金融机构应转变观念，优化服务，积极开发符合高校实际的金融产品，为大学生提供渠道畅通、手续便捷的服务。国家也要加强对校园贷平台的清理，对以借校园贷之名涉嫌实施金融诈骗的犯罪行为要从严打击，依法追究。要进一步完善网络金融管理政策，加强对网络平台的监管，严把贷款公司的准入门槛。加强校园信用体系建设，对大学生贷款消费行为进行规范、引导、监督、约束。

案例提供单位：人民银行成都分行金融消费权益保护处。

案例六   非正规渠道办理信用卡形成逾期案

问题描述

林某在大街上看到"只需一张身份证即可网上代为办理大额信用卡"的广告，于是按照广告的要求提供了本人身份证复印件，由于工作繁忙林某忽略了此事。一段时间后，林某被 A 银行强制执行扣款并形成逾期。林某立即拨打 A 银行信用卡客服中心电话进行核实，但客服称由于林某提供的信息和系统保存的信息不吻合，无法为其查询，也无法为其办理挂失等手续。于是林某投诉至人民银行并要求处理此事。

案件处理

维权的过程：接到客户投诉后，网点负责人立即让前台调取了林某办卡信息并进行了核对。通过与林某详细了解办卡经过，林某是在看到街头宣传广告后，自愿为他人提供了身份证复印件等个人信息，并在他人的引导下办理了面签手续，最终导致个人信息泄露，信用卡被他人盗领盗刷。核实情况后，网点立即为客户办理了信息修改手续，同时与客服中心联系说明情况，协商为客户办理了挂失换卡手续。

维权的方法：先自行向 A 银行网点投诉，对处理结果表示不满意后向人民银行投诉。

维权的结果：网点立即为客户办理了信息修改手续，同时与客服中心联系说明情况，协商为客户办理了挂失换卡手续。

案例点评

这是一个典型的金融消费者因自身缺乏保护个人信息意识，导致的个人信息泄露的案件。

1. 从银行角度看，商业银行应该严格遵守信用卡核发程序。根据《商业银行信用卡业务监督管理办法》第四十二条规定："发卡银行应当根据总体风险管理要求确定信用卡申请材料必填（选），对信用卡申请材料出现漏填（选）必填信息或必选选项、他人代办、他人代签名、申请材料未签名等情况的，不得核发信用卡。"《中国银监会办公厅关于加强银行卡发卡业务风险管理的通知》第一条规定："银行卡发卡业务应执行严格的资信审批程序，各发卡银行应遵循'了解你的客户'和'了解你的业务'的原则，注重对银行卡持有人有效身份的确认，在发卡前必须进行详细的资信调查。"第三条规定："银行卡发卡业务必须严格执行相关操作规程，申请表必须由主卡申请人本人亲笔签名确认，不得在申请人不知情或违背申请人意愿的情况下盲目发卡。"所以商业银行应该确认是其本人办理信用卡并自愿办理信用卡后才应准予核发。A 银行在办理面签时未能认真核实客户办卡主动意愿，未能有效阻止此次事件的发生，最终导致林某的合法权益受损。所以 A 银行在办理信用卡过程中存在过失行为，未尽到保护金融消费者合法权益的义务。因此商业银行要加强发卡环节的风险管理，尤其是信用卡的办理和发放，要对申请人的资料进行严格的资信审核，确保申报材料的真实性。要落实首张信用卡的"三亲见"制度，不得在申请人不知情或违背申请人意愿的情况下盲目发卡。

2. 从金融消费者的角度看，林某风险意识薄弱，轻信不法分子可代办大额信用卡的街头广告，不仅造成了财产损失，更导致了个人身份信息的泄露。消费者上当受骗表明社会公众的金融知识匮乏，风险意识淡薄，因此需要进一步加大银行卡业务知识的普及力度，不断提高社会公众对银行卡功能及风险的认知度。另外，消费者自身也要加强银行卡相关知识的学习，增强风险防范意识，不要轻易相信手机短信、户外小广告等，更不要随便向他人提供个人身份信息，防止个人信息资料泄露，避免造成不必要的经济损失。

3. 从人民银行的角度看，应该注重对金融消费者的教育，重点向低净值人群普及金融知识。目前金融机构办理信用卡的条件越来越严格，这就限制了那些不符合条件但又需要信用卡的人群，于是代办信用卡的手机短信、户外小广告等便应运而生，让许多不知情的人上当受骗，甚至造成经济损失。因此人民银行应该重点打击此类违法违规金融广告，净化金融市场环境。同时信用卡监督管理机构应联合公安机关开展专项整治行动，严厉打击此类违法犯罪行为，维护金融消费者的合法权益。

4. 本案具有很强的借鉴意义，这显示出一些金融消费者金融知识匮乏，缺乏风险防范意识，对违法违规金融广告缺乏辨别能力，应重点向金融消费者普及金融知识，增强其风险防范意识。

案例提供单位：中国人民银行呼和浩特中心支行、
中国人民银行赤峰市中心支行。

案例七　银行机构未经消费者同意擅自开通手机银行业务案

问题描述

2017年11月，A银行向部分信用卡用户发送短信，称将为其免费开通手机银行服务，用户可直接使用手机号码和卡密码登录手机银行，如用户无须开通，需回复"BKT"取消预开。A银行表示，该业务是针对部分信用卡用户发送短信进行精准营销，旨在为客户提供更加便捷的服务。

案件处理

维权过程：短信发送后，消费者陆续向人民银行杭州中心支行"12363"电话以及绍兴、台州等地人民银行投诉。

维权方法：人民银行杭州中心支行受理投诉后，立即向A银行及投诉人进行调查核实。经调查，投诉人反映情况属实。人民银行杭州中心支行认为，A银行虽对处于预开通状态的手机银行功能进行了较为严格限制，潜在风险较小，但其行为侵害了消费者的自主选择权，要求A银行立即停止违规行为，停发相关短信，做好已发送短信客户的沟通、解释工作，协助客户做好业务回退。

维权结果：截至2017年12月，A银行已停止相关精准营销行为，对已发送短信的客户，根据客户需求及时办理业务回退，并通过电话或上门等方式进行沟通解释。消费者对该行的处理方式基本认可，表示不再投诉。

案例点评

案例的典型性：

A银行的行为是金融机构开展金融产品和服务营销宣传时"上帝视角"思维惯性的典型体现。部分金融机构在金融产品同质化竞争背景下，期望通过"精准化"营销，提升消费者的服务体验，进而增加消费黏性，但其在实际操作中仍将消费者当做一无所知的"金融小白"，自以为是地替消费者作出决策，却没有充分尊重消费者购买金融产品和服务的真实意愿，侵害了消费者的自主选择权。

法律分析：

1. 《消费者权益保护法》第九条规定："消费者享有自主选择商品或者服务的权利。消费者有权自主选择商品或者服务的经营者，自主选择商品品种或者服务方式，自主决定购买或者不购买任何一种商品、接受或者不接受任何一项服务。"

2. 《中国人民银行金融消费者权益保护实施办法》（银发〔2016〕314号）第十六条规定："金融机构应当尊重金融消费者购买金融产品和服务的真实意愿，不得擅自代理金融消费者办理业务，不得擅自修改金融消费者的业务指令。"

案例启示：

1. 金融机构开展金融产品和服务营销宣传，要坚持依法合规、诚实守信、适当营销和公序良俗的原则，不得损害国家利益、社会公共利益和金融消费者合法权益。

2. 金融机构要扭转"上帝视角"的思维惯性，充分保障消费者的自主选择权，尊重金融消费者购买金融产品和服务的真实意愿，不得利用技术手段和交易优势地位，强制消费者购买金融产品或接受金融服务。

3. 金融机构开展业务创新要以依法合规为前提，创新不等于违规、破规。

4. 金融消费者要提升自我保护和维权意识，发现金融机构侵害自身合法权益的行为，要通过合法途径及时向相关部门反映，制止侵权行为。

案例提供单位：中国人民银行杭州中心支行。

案例八　银行机构虚假宣传导致客户损失案

问题描述

A 银行开展银行卡业务促销宣传活动，为期半年，其宣传语称："A 银行社保卡在所有银行的 ATM 上取款，均可享受取款手续费全免的优惠。"消费者陈某于活动期内在其他银行的 ATM 上取款却被收取了手续费。陈某认为 A 银行卡业务促销活动的宣传内容与实际不符。

案件处理

维权过程：发现异常后，陈某向人民银行湖州市中心支行投诉。

维权方法：收到投诉后，人民银行湖州市中心支行立即组织开展调查。经调查发现，自活动日起至投诉日止，陈某共进行借记卡同城跨行 ATM 取款 6 笔。其中前 2 笔未收取手续费，其余 4 笔被收取了手续费。经联系 A 银行上级行后获悉，活动期间，该行总行对业务系统中相关参数进行了调整，从所有跨行取款均免收手续费调整为每月前两笔跨行取款免收手续费，但并未同步变更对外宣传的口径，导致实际收费情况与对外宣传内容不符。

维权结果：A 银行撤销所有渠道的对外宣传并更新了宣传海报，与客户取得了联系，向客户解释了缘由，并对客户的损失进行赔付，客户表示了谅解。人民银行湖州市中心支行对 A 银行的虚假宣传行为依法进行了处理。

案例点评

案例的典型性：

依法合规的金融广告营销宣传，是金融机构宣传推介自身金融产品和服务、品牌形象的重要途径，有利于金融机构吸引客户关注，提升经营业绩。但部分金融机构对广告营销宣传行为把控不严，以虚假、隐瞒或者引人误解的内容对金融产品和服务进行宣传，通过刻意夸大产品收益率或收益区间，隐瞒限制条件和潜在风险误导客户的情况时有发生，亟需加以整治和规范。

法律分析：

1.《中华人民共和国消费者权益保护法》第二十条第一款规定："经营者向消费者提供有关商品或者服务的质量、性能、用途、有效期限等信息，应当真实、全面，不得作虚假或者引人误解的宣传。"

2.《国务院办公厅关于加强金融消费者权益保护工作的指导意见》（国办发〔2015〕81号）规定："三、（四）保障金融消费者知情权。金融机构应当以通俗易懂的语言，及时、真实、准确、全面地向金融消费者披露可能影响其决策的信息，充分提示风险，不得发布夸大产品收益、掩饰产品风险等欺诈信息，不得作虚假或引人误解的宣传。"

3.《中国人民银行金融消费者权益保护实施办法》（银发〔2016〕314号）第十八条规定："金融机构进行营销活动时应当遵循诚信原则，金融机构实际承担的义务不得低于在营销活动中通过广告、资料或者说明等形式对金融消费者所承诺的标准。前款'广告、资料或者说明'是指以营销为目的，利用各种传播媒体、宣传工具或者方式，就金融机构业务及相关事务进行宣传或者推广等。"

案例启示：

1. 金融机构应当加强对消费者权益保护相关法律的学习，进一步提升金融消费权益保护法制意识。同时，进一步建立健全涉及金融消费者权益保护的事前协调、事中管控和事后监督机制，严格管理金融产品和服务的营销推介行为，杜绝虚假宣传等违法现象。

2. 监管机构应当适应社会发展形势，不断提高法律素养和执法水平，有意识地对金融机构的薄弱环节进行监督检查。加大对金融机构违法违规行为，特别是非法金融广告的惩处力度。推动相关部门建立非法金融广告整治联动机制，按照职责分工建立起监测、甄别、移送、处理全流程链条，在加强对银行等传统金融机构或传统媒体广告监管同时，加强对互联网金融领域的监测，依法查处违法金融广告。

案例提供单位：中国人民银行杭州中心支行。

案例九　银行代销理财产品纠纷案

问题描述

消费者黄某为 A 银行的 VIP 客户，在 2015 年 4 月至 2016 年 6 月期间 A 银行理财经理推荐其购买了数款理财产品，其中包括两只人民币理财产品共计人民币 66 万元，两只公募基金共计人民币 421 万元和一只私募基金计人民币 101 万元，合计人民币 588 万元。产品到期后，部分产品出现亏损，其中人民币理财产品已到期浮亏 10%，2015 年 6 月 16 日赎回公募基金到账 286 802.89 元，亏损 13197.11 元（申购、赎回手续费 5 232.69 元），私募基金于 2016 年 7 月 18 日因触及平仓线被强制平仓首次分配 710 626.15 元，12 月 23 日再次分配 15 696.73 元，目前仍持有某电器股票待复牌后上市交易，截至调解当日浮亏 28.3%。黄某称 A 银行在整个销售过程中违反风险匹配原则，向其销售风险承受能力不相符的理财产品，夸大收益，更无风险提示。同时，A 银行向黄某违法销售私人银行客户的专供产品，造成本金亏损。

案件处理

维权的过程：黄某多次与 A 银行交涉，要求 A 银行赔偿其本金、资金利息损失及差旅费。在与 A 银行交涉期间，黄某将该纠纷投诉至监管部门，并让记者将虚假事实发表到中国发展西部网。陕西金融消费纠纷调解中心（以下简称调解中心）于 2017 年 3 月 30 日受理黄某的调解申请。

维权的方法：第三方非诉讼调解 + 评议。

维权的结果：调解中心在受理黄某调解申请后，对本案进行了调查，并分别于 2017 年 4 月 13 日、5 月 23 日组织 2 次调解，邀请了 3 名调解员参与调解。

双方争议：

双方争议焦点主要在于 A 银行是否为黄某进行了风险测评，黄某的风险测评等级是否与理财产品、公募基金和私募基金几款产品的风险等级匹配以及 A 银行是否向黄某介绍过投资方向及风险。

调查结果：1. 关于黄某购买的"（90% 保本挂钩 ETF）资产管理类 2015 年 48 期人民币理财产品 TLP150048"，经核查，该款产品的风险评级为四级，认购客户的风险评级须为进取型及成长型。同时经询问黄某表示其 2015 年 3 ~6 月在其他金融机构也进行过多次理财，认为黄某具有较多的投资经验。尽管其提出了不予认可签名却无法提供证据证明该签名非其本人所签，故认可黄某的风险评级与该理财产品的风险评级相匹配的证据资料。"个人理财产品销售流程尽职审查表"中客户确认栏显示"本人收到并详细阅读'产品说明书''风险揭示书''客户权益须知''理财产品销售协议书'等有关文件，理财销售人员已根据文件内容，向本人清楚解释有关权益、产品特点、投资风险和最差的投资结果"的字句，客户签字确认处显示为黄某。"确认函"中明确表示"本人已认真阅读并充分理解'A 财富私人银行专享结构类（90% 保本挂钩股票）2015 年 48 期人民币理财产品说明书'与上述'风险揭示书'的条款和内容，充分了解并清楚知晓本理财产品蕴含的风险……具有识别及承担相关风险的能力。充分了解本理财产品的风险并愿意承担相关风险。本人声明 A 银行可仅凭本'确认函'即确认本人已理解并有能力承担相关理财交易的风险。"本确认函除有黄某的签名外，还抄录了"本人已经阅读上述风险提示，愿意承担相关风险"的语句。以上证据表明黄某已经了解该产品的相关情况及风险，其本人愿意承担相关风险。2. 关于"创势翔 18 号一期"（银行代销私募基金），经核查，该产品为银行代销产品，且 A 银行履行了相关代销审批流程，销售人员具备要求的资质。该产品的"风险承受能力调查表"中有黄某的签字。尽管"风险揭示书"的最后一页签署页中有黄某的签字，但该签署页上除黄某的签字外，并未有相关信息显示该签署页为何文件的签署页，且黄某并不认可其见过该"风险揭示书"的内容，故认为 A 银行的该项证据无法证明其尽到了风险揭示的义务。三位调解员根据该调查结果出具了调解意见，黄某不予接受，依然坚持先前赔偿所有损失的诉求。

7 月 1 日黄某致电中心提出评议申请，由魏某担任该纠纷评议员，评议员查看所有证据材料，综合两次调解确认的事实，于 7 月 13 日对该案作出评议意见，随后，中心又将评议意见传达给双方当事人。后经双方当事人申请，调解中心于 2017 年 7 月 28 日召开评议听证会。其中，"创势翔 18 号一期"理财产品所产生的损失自行承担，"（90% 保本挂钩股票）资产管理类 2015 年 48 期人民币理财产品 TLP150048"所产生的损失由申诉人自行承担 80%，被申诉人承担 20%。最终，双方均同意该方案，调解成功。

案例点评

本案中，调解中心借鉴国际成熟经验和良好实践，首次尝试评议机制。对纠纷事实、责任认定、解决方案有较大分歧、调解暂不能达成一致的案件，由更高水平的独立的专家，基于各方陈述和证据，依据相关法律法规和其他规范性文件，参照国际惯例、交易习惯和司法案例，作出评议意见，该评议意见仅供各方当事人参考，对当事人不具有强制约束力。若各方当事人均接受评估意见，可以此为基础签订调解（和解）协议；如有任何一方不接受，则意见仅供参考。

案例提供单位：陕西金融消费纠纷调解中心。

案例十　假冒银行名义发放贷款的
电信网络诈骗案

案情简介

2018 年 6 月 11 日下午，邮储银行汕头市司美支行行长王某、大堂经理陈某凭借自己的专业知识，成功阻止了一宗假冒邮储银行名义发放贷款的网络电信诈骗案件的发生。

当日下午 3 点左右，客户郭某来到司美支行咨询如何办理汇款业务。因客户在大厅四处张望，神情较为紧张，且一直在打电话，引起了大堂经理的注意。大堂经理陈某走到客户跟前，询问客户需要办理什么业务，客户说要办理汇款，大堂经理向其询问汇款的对象及汇款用途，客户向大堂经理出示一份邮储银行个人消费信贷中心的专用合同，声称自己在网上申请办理邮储银行的消费贷款，且邮储银行的 QQ 客服告知客户此笔贷款已经通过审核，待合同签订后将会放款，前提是客户需缴纳 4 000 元激活金，才能收到发放的贷款金额，客户同时将汇款界面的截图打开给大堂经理看。在客户与大堂经理沟通期间，自称为"邮储银行客服"的人员多次打电话给客户，催促其尽快汇款，以免影响贷款发放。

大堂经理陈某感觉客户讲述的事情有蹊跷，便将客户引见给网点支行行长王某。网点负责人了解了事情的经过，看过合同及对方汇款页面截图以后，发现有以下三个方面疑点：

一是合同中信贷主任和放款专员为同一个人（张某）；但邮储银行的合同签订和放款岗相互独立，岗位是不可兼容的；

二是借款合同第六条保证条款第 4 小点"借款方必须在银行确认放款后支付贷款金额 20% 的贷款激活金"，但事实是邮储银行贷款从业务受理至贷款发放，均不需要缴纳激活金；

三是客户提供的汇款页面显示为"跨行汇款"，但双方的账户均为邮储银行开立，与上述的"跨行汇款"自相矛盾。

通过上述 3 个疑点，网点支行行长认定这是一桩假冒邮储银行名义发放贷款的网络电信诈骗案件。

案件处理

维权的过程：为进一步消除客户的疑虑，网点支行行长现场打电话给邮储银行信贷客户经理，由信贷客户经理向客户解释邮储银行的贷款办理流程，并强调在该行贷款无须提前缴纳激活金。

维权的方法：网点支行行长让客户与网络客服沟通，说现在本人在邮储银行，并已经对贷款业务进行了咨询，不存在"激活金"这回事。起先诈骗人员仍坚持这是新的贷款种类，需要缴纳激活金就可以放款了，说是客户如果不相信，可以致电邮储银行官方电话去咨询，随后将电话挂断，客户再次拨打对方留存的电话，第一次显示忙音状态，第二次接听后匆匆挂断。客户尝试用 QQ 联系客服，但诈骗人员做贼心虚将客户 QQ 拉黑了。客户才恍然大悟，惊觉自己上当了。当时客户激动万分，对网点工作人员的尽职尽责表示感谢。

维权的结果：至此，网点工作人员用自己的责任心和专业知识成功阻止了这场网络电信诈骗，为客户挽回了经济损失。

案例点评

1. 贷款资料存在漏洞。诈骗人员提供的邮储银行个人消费信贷中心专用合同及汇款界面存在多处疑点，网点人员抓住这一细节进行分析并核实，最终确认这是一桩假冒邮储银行名义发放贷款、实则骗钱的网络电信诈骗案件。

2. 贷款发放前先交费用。正规的贷款手续在成功放款前不会收取任何费用，如在网上贷款时被对方要求先付手续费等费用，一般都是骗局。银行对任何个人客户发放贷款，都必须面谈、面测和面签，不得在无接触条件下发放贷款。客户也应该主动配合银行，诚实守信地办理贷款业务手续，这也是对客户自己的安全保护。

3. 贷款超低息。与其他贷款机构相比，银行的贷款利率最低，其小额无抵押贷款利率一般在 8% 左右，因此当客户在网上看到利率仅为 1% 时，肯定是骗局无疑。

4. 贷款只要身份证。众所周知，抵押贷款是要抵押物的，消费类贷款也需要贷款人提供稳定的工作、工资流水以及良好的个人信用等证明。对于仅凭身份证即可获得的贷款，要千万注意谨防被骗。

5. 抓住客户融资需求迫切心理。诈骗人员抓住客户尤其是一些小企业主、个体工商户融资需求迫切的心理，冒充银行工作人员撒网式地致电，进行所谓"贷款营销"，诱导客户汇款，声称客户存入相当数量的保证金后，"信贷员"即可到网点快速办理放款，达到诈骗目的。如果客户有贷款意向，就引导客户进入预先设置的陷阱，并以需收取资料费、保证金等款项名义，逐步升级诈骗犯罪行为，诈骗客户钱财。

6. 不要轻信来历不明的电话号码、手机短信和邮件。诈骗人员通过电话、短信和邮件进行诈骗的花样正在不断翻新，其目的在于获取银行账户和密码等重要个人信息，或者要求消费者直接向不法分子转账。在任何情况下，银行职员、商店、警方都不会要求消费者告知银行账户、卡号、密码或向来历不明的账户转账。如果遇到上述情况，请金融消费者及时通过正规渠道报警，以确保个人账户和资金安全。

7. 寻求正规融资渠道。首先，市民和小企业主若有融资需求，一定要到银行网点走正规渠道申请授信，切勿相信通过电话可直接办理贷款。其次，对不甚了解的银行新业务品种，如网上银行、手机银行等，办理前要咨询银行网点工作人员，切勿听信他人教唆，随意操作，一定要提高自身安全防范意识，不要落入不法分子设下的陷阱。最后，银行或公安部门不会在未签订任何书面授信文件的情况下，要求客户缴存保证金。

案例提供单位：汕头市金融消费权益保护联合会、

中国邮政储蓄银行汕头市分行。